（彩色图解版）
互联网+

传统企业互联网+转型实战完全攻略

徐张生◎著

INTERNET

北京理工大学出版社
BEIJING INSTITUTE OF TECHNOLOGY PRESS

图书在版编目（CIP）数据

互联网+：传统企业互联网+转型实战完全攻略 / 徐张生著. —北京：北京理工大学出版社，2015.7

ISBN 978 – 7 – 5682 – 0537 – 5

Ⅰ.①互…　Ⅱ.①徐…　Ⅲ.①互联网络 – 高技术产业 – 企业管理 – 研究 – 中国　Ⅳ.①F426.67

中国版本图书馆CIP数据核字（2015）第 083031 号

出版发行 / 北京理工大学出版社有限责任公司

社　　址 / 北京市海淀区中关村南大街 5 号

邮　　编 / 100081

电　　话 /（010）68914775（总编室）

　　　　　（010）82562903（教材售后服务热线）

　　　　　（010）68948351（其他图书服务热线）

网　　址 / http : //www.bitpress.com.cn

经　　销 / 全国各地新华书店

印　　刷 / 大厂回族自治县正兴印务有限公司

开　　本 / 710 毫米 × 1000 毫米　1/16

印　　张 / 15　　　　　　　　　　　　　　责任编辑 / 刘永兵

字　　数 / 195 千字　　　　　　　　　　　文案编辑 / 刘永兵

版　　次 / 2015 年 7 月第 1 版　2015 年 7 月第 1 次印刷　　责任校对 / 周瑞红

定　　价 / 45.00 元　　　　　　　　　　　责任印制 / 李志强

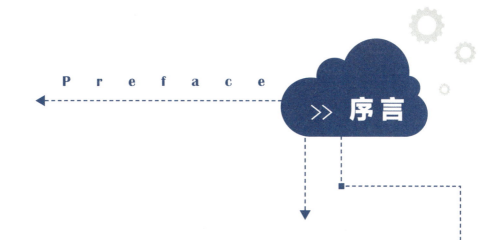

2015年整个国民经济发展都开始显示出一种新的趋势，这个趋势就是互联网化。

顺应时代发展的潮流，国务院总理李克强在2015年的政府工作报告中提出了"互联网+"的概念。

在一个如此重要的场合，如此重要的时刻，一个如此重要的人物提出互联网+的概念，这无疑给原本就风云动荡的互联网界投掷了一枚重磅炸弹。一时之间，互联网+变成互联网最热门的词语。

各行各业，传统的，非传统的，皆引起了对互联网十二万分的重视，纷纷开始研究有关互联网的一切。思维、概念、模式、运用，只要能够与互联网沾上边的，都可以成为企业在新时代开疆拓土的利器。

乘着互联网思维的东风，小米科技火了，时至今日，小米不仅坐拥大量粉丝，还马不停蹄地扩张着自己的产品生产线。从手机到路由器，从盒子到手环，从移动电源到空气净化器……小米的产品线越拉越长，小米的业务范围越来越广。一个诞生仅仅五年的企业，凭借着对互联网思维的娴熟运用，将一个又一个的传统行业与互联网接轨，从而获得一次又一次让世人惊羡的成绩。

顺应互联网+的潮流，互联网金融火了，在过去的一年里，诸多的互联网业界巨头开始筹谋瓜分互联网金融的蛋糕。从阿里巴巴推出余额宝，到腾讯推出微信支付，再到百度推出百度钱包、小米推出小米钱包、京东推出京东白条……各大巨头一系列的动作，无不向世人昭示着互联网金融这块蛋糕的诱惑力。

面对互联网+的大势所趋，提前就开始做准备的企业先后从互联网的大潮中有所斩获，并纷纷向世人展示它们的胜利果实。互联网餐饮、互联网教育、互联网娱乐、互联网医疗、互联网金融、互联网农业……真是只有我们想不到的，没有企业做不到的。

而那些跟不上时代，不知道互联网+为何物的企业则纷纷患上了互联网+焦虑症。互联网+的愈演愈烈，让它们张皇失措，它们彷徨、担心、焦灼，它们惶恐、不安、迷茫。它们想要搭上互联网+的便车，从而获得更好的发展，但现实却让它们无从下手。

作为传统行业，究竟该如何更好地与互联网接轨？互联网+这道题目后面，究竟该加上什么选项？又该怎么加？

新时代、新经济、新气象，传统企业该如何完成互联网化的转型？互联网+如何才能加得更好、更自然？如何才能加得更有水平？这些问题是每个想要与互联网交好，想要依托互联网获得更好更快发展的企业都必须要思考的问题。

互联网+是一门技术活，不是简单的生搬硬套，也不是随便搞一个互联网的概念就可以了，而是需要从头到尾、从上到下、从内而外的改变。对传统企业而言，要实现互联网+需要做出很多方面的改变，思维、观念、经营模式等等都需要全方位地与互联网接轨。俗话说，"变则通，通则达"，在这个不断变化的时代，你只有时刻跟上时代发展的步伐，才可能在这个世界获得更好的发展。

徐张生

2015年5月于杭州

目录

 第一部分　深入解读互联网+

目录

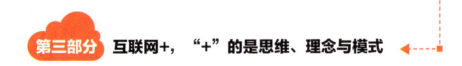

第四部分　如何运用互联网+帮助传统企业变革

目录

 第五部分 **你没试过的互联网+技术新玩法**

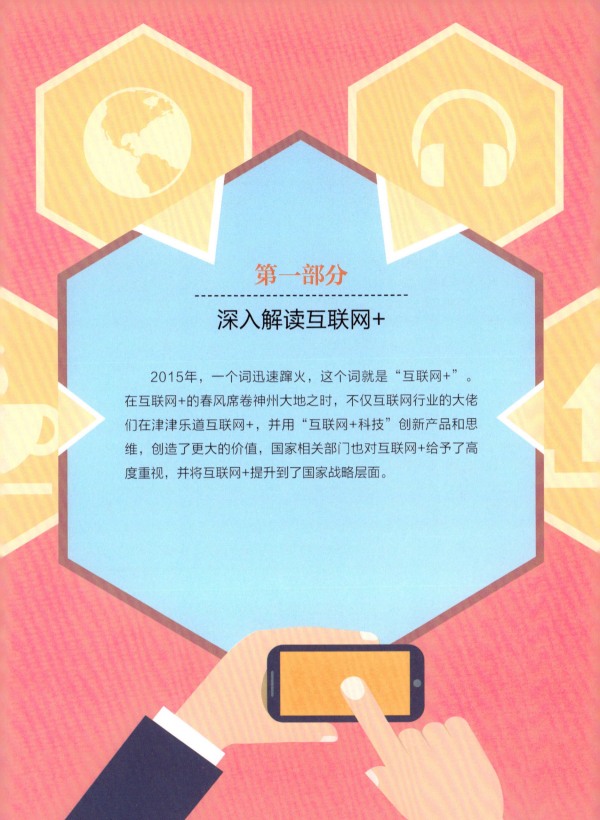

第一部分

深入解读互联网+

2015年，一个词迅速蹿火，这个词就是"互联网+"。在互联网+的春风席卷神州大地之时，不仅互联网行业的大佬们在津津乐道互联网+，并用"互联网+科技"创新产品和思维，创造了更大的价值，国家相关部门也对互联网+给予了高度重视，并将互联网+提升到了国家战略层面。

第一章

>> **什么是互联网+**

　　在互联网大发展的20年里，互联网行业中涌现出一个又一个吸引世人眼球的神话：2014年"双十一"天猫大促销，短时间内就取得了571亿元的销售额；2015年滴滴打车与快的打车这对怨偶终成眷属，开辟了手机打车新市场；支付宝推出新宠余额宝，抢食传统金融行业的蛋糕；互联网媒体兴起，纸媒加速没落……互联网所及之处，樊篱被打破、行业被颠覆。

经济元年，你一定要知道什么是互联网+

2015经济元年，互联网业界人士关注的焦点是什么？毫无疑问，就是互联网+。在工业化与互联网化高度融合的时代，如果你还不知道互联网+是什么，那么，你就会在时代更迭的大潮中被湮没，就会在残酷的市场竞争中惨遭淘汰。

这是一个快速变革的时代，变则生，不变则亡。在市场中摸爬滚打的企业只有快速跟上时代发展的步伐，才能在瞬息万变的市场环境中长久地生存下去。

我们可以这样说，追随时代的发展趋势是现代企业在市场竞争中长盛不衰的不二法门。现在，时代发展的趋势是什么？显而易见，就是互联网+。

在整个国民经济大环境越来越趋向互联网化的今天，任何企业一旦搭上互联网的快车，都能迅速通往胜利的彼岸；任何企业一旦和互联网联姻，都能快速结出丰硕的果实。

尤其是2015年李克强总理在政府工作报告中重提互联网+概念，更是将互联网+上升到了国家战略的高度，这对各行各业来讲也就具有了不同寻常的意义。一旦行业发展有了政策的扶持，那么这个行业的崛起显然就会容易很多。

这两年在杭州有个地方一直很受互联网业界关注，这个地方就是杭州网上自贸区，随着信息技术的不断发展，目前的杭州网上自贸区已经演变成为更契合当地实际情况的跨境电子商务综合试验区。

互联网+概念的兴起，让自贸区再度成为世人关注的焦点。2015年，追随着互联网+的大潮，自贸区"主动对接多重国家战略，深入推进杭州都市圈的建设，致力于打造中国（杭州）跨境电子商务综合试验区、国家自主创新示范区"。自贸区的想法和动作得到了相关部门的大力支持。

据不完全统计，在浙江的电商平台上，每年完成80%以上的国内网络零售交易、70%以上的跨境电商交易，以及60%以上的企业间电商交易。

当然，作为中国的电子商务之都，杭州拥有诸如阿里巴巴等知名的电商巨头，以及一些实力雄厚的中小型电商企业，并成功运行了全国首个跨境电子商务产业园，主打的就是电子商务，能取得这样的成绩也就在情理之中了。

在杭州网上自贸区成立发展的过程中，相关部门也给予了一定的关注。先是杭州市市长张鸿铭提议，希望"国务院批准设立中国（杭州）网上自由贸易试验区，并将网上自贸区列为国家战略"。后有副市长谢双成与国家部委探讨建立网上自贸区。

国家政策的扶持，加速了自贸区的发展，传统的贸易与互联网快速融合，催生了自贸区的繁荣景象。

　　自贸区的飞速发展带给我们的警示是深刻的。在这个不断变革的时代，不管你是谁，不管你从事哪个行业，只有不断追随时代发展的脚步，顺应时代发展的潮流，才能在瞬息万变的市场环境中站稳脚跟。

2013，腾讯之父马化腾提出互联网+概念

追溯互联网+概念的源起，最早是由腾讯之父马化腾在2013年众安保险的开业仪式上提出的。马化腾当时提到："互联网加一个传统行业，意味着什么呢？其实是代表了一种能力，或者是一种外在资源和环境，是对这个行业的一种提升。"

比如，众安保险的定位就是为互联网生态护航，在成立短短一年的时间里，众安保险累计服务的客户就超过了2亿；2014年"双十一"，众安保险一天护航的保单就超过了1.5亿。

互联网+是一种趋势，各行各业都可以加上来，这些年互联网的发展也很清楚地表明了这一点。加媒体，诞生了网络媒体，对传统媒体造成了极大的冲击；加娱乐，诞生了网络游戏，让传统游戏领域生存艰难；加零售，诞生了电子商务，让传统的零售行业生意日渐惨淡；加金融，诞生了互联网金融，让传统的金融行业猛然觉醒。

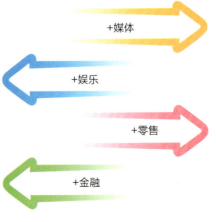

网络媒体，比如搜狐、新浪、腾讯等门户网站，对传统媒体造成了巨大冲击。

网络游戏，比如天天酷跑、开心农场、全民飞机大战等等，让传统游戏生存愈加艰难。

电子商务，比如淘宝、京东、当当等电商平台，极大地压缩了传统零售行业的生存空间。

互联网金融，比如京东白条、阿里余额宝、微信支付、百度钱包等等，让传统金融行业感受到了极大的威胁。

由此，我们不难看出，马化腾提出互联网+概念，是建立在他对时代发展趋势深入剖析的基础上的。

的确，互联网+概念的出现有其必然的时代背景。信息技术的发达，智能手机的出现，无线网络的兴起，让人与人之间、人与物之间的互联变得简单而便捷，让人们的生活和消费变得更加方便。除此之外，人们物质生活水平与精神生活水平的不断提高，在某种程度上也推动着人们追求更加舒适、更加智能的生活。

我们可以预言，未来将是互联网的天下，一切都将能够在互联网上实现，万物将可互联，而这又在为各行各业朝着互联网化发展创造着条件。

在这个时代，企业只有更好地挖掘出消费者的喜好、把好用户的脉，让用户需求与互联网完美结合，才能让互联网+发挥出最大的威力，为企业创造出最大的价值。

2015年，李克强总理在两会重提互联网+，将其上升至国家战略层面

互联网+的概念虽然很火，但归根结底还是互联网方面的东西，这个东西在互联网业界虽然引起过一阵不小的骚动，但并不新鲜。然而，当这个东西被上升到国家战略层面的时候，一切就显得非比寻常了。

在2015年的政府工作报告中，李克强总理首次提到互联网+概念，并提出将要制订互联网+行动计划。总理也曾在公开场合表示，用好互联网+这个有力的工具，就能使中国的经济快速腾飞。

互联网+行动计划

互联网+代表一种新的经济形态，即充分发挥互联网在生产要素配置中的优化和集成作用，将互联网的创新成果深度融合于经济社会的各领域之中，提升实体经济的创新力和生产力，形成更广泛的以互联网为基础设施和实现工具的经济发展新形态。互联网+行动计划将重点促进以云计算、物联网、大数据为代表的新一代信息技术与现代制造业、生产性服务业等的融合创新，发展壮大新兴业态，打造新的产业增长点，为大众创业、万众创新提供环境，为产业智能化提供支撑，增强新的经济发展动力，促进国民经济提质增效升级。

——来自国家发改委《关于2014年国民经济和社会发展计划执行情况与2015年国民经济和社会发展计划草案的报告》名词解释

事实也的确如此，互联网与零售业融合衍生了强大的阿里巴巴；互联网与搜索融合衍生了无所不能的百度；互联网与金融业结合衍生了火遍全球的互联网金融；互联网与社交结合衍生了硕大无朋的腾讯帝国……

仔细观察我们周围的生活环境，你会惊讶地发现，互联网已经渗透到了我国经济发展的每个细分领域当中，只要是有人在的地方，有人经常光顾的领域，就一定会有互联网+的产物。

这其实就很能说明一个问题，互联网是一股能够带动经济疾速发展的庞大力量，如果企业能够借势而起，那么很可能就会扶摇直上。

政府工作报告中还提到这样一些要点：推动移动互联网、云计算、大数据、物联网等与现代制造业结合；促进电子商务、工业互联网和互联网金融健康发展，引导互联网企业拓展国际市场。

这些要点都表明了，在互联网经济大爆发的今天，各行各业只有积极去拥抱互联网，才可能有更好的发展。

在国家大力推动互联网+行动计划的当口，任何一个企业，任何一个行业，只要能够抓住机会，相机而动，都可以顺利与经济发展的快车道接轨。在互联网+行动计划被大力推动之时，资本市场也会逐步向互联网企业敞开大门，这是一个机会，同时也会给互联网企业带来更多挑战。

互联网+就是互联网与传统行业的嫁接

互联网+的本质其实就是各行各业依托互联网的平台实现创新型的发展。在这个过程中，互联网平台一定要健康、规范，这是互联网+工程能够顺利有效发展的关键。

互联网+，"+"后的选项有很多，可以是医疗卫生，可以是在线教育，可以是金融，可以是交通。只要是与消费者息息相关的行业，都可以"+"，都可以站到互联网+的风口，顺势而起。

互联网+

概 述

2015年3月5日，李克强总理在政府工作报告中提出，制定互联网+行动计划，推动移动互联网、云计算、大数据、物联网等与现代制造业结合，促进电子商务、工业互联网和互联网金融健康发展。

传统产业换代升级

传统集市	传统百货商场	传统银行	传统的红娘	传统交通
+	+	+	+	+
互联网	互联网	互联网	互联网	互联网
=	=	=	=	=
淘宝	京东	互联网金融	世纪佳缘	快的、滴滴

渗入各领域

☆带动和促进交通、医疗、环境保护、公共安全等民生领域信息化的跨越式发展

☆优化社会资源配置，创新公共服务供给模式，提升均等服务水平，实现信息普惠全民

互联网+传统广告=百度

提起搜索，我们第一时间一定会想到百度，百度为什么能够成功地占据我们头脑中的搜索品牌第一位？它成功的秘诀无外乎就是快人一步，第一时间想到了将传统广告与互联网结合起来。

互联网与传统广告一经结合，就爆发出了山呼海啸般的效应，在互联网界引起了轩然大波，改变了传统广告业的产业格局，造成了传统广告行业的重新洗牌。

相比于传统广告，互联网广告不受时间与地域的限制，只要有网络覆盖的地方就可以随时随地对互联网用户进行广告推送。

在互联网+传统广告这种新的广告模式的冲击下，传统广告业的日子越来越不好过，生存空间被无限压缩。面对此等艰难的市场环境，传统广告行业想要谋得一条生路，就必须懂得用互联网技术武装自己，就必须要加快转型的速度。

在这个互联网化日趋明显的年代，你如果不积极主动地融入互联网的大潮中，就会在泛互联网的洪流冲击下尸骨无存。

互联网+传统集市=淘宝

如果让你用简单形象的语言来描述一下淘宝，怎样描述最贴切？网上流行这样一种说法：互联网+传统集市=淘宝。这种说法就形象地说明了淘宝的性质以及淘宝的发家史。的确，淘宝的崛起与互联网分不开，没有互联网的发展就没有淘宝的今天。

说简单一点儿，淘宝是一个购物网站，只要是你能想到的东西，几乎都能在淘宝上搜索到。相比于传统市场，淘宝无疑更加包罗万象，商品的种类更为丰富。

这还要归功于互联网技术的发展，互联网的发展让世界变成一个地球村，买与卖也不再受地域的限制，国内的买家可以在网上买到国外的产品，国外的商家也可以在网上找到自己想要进口的商品。

网络的发达缩短了商家与买家之间的距离，砍掉了传统市场环境中很多不必要的环节，极大地降低了商家的运营成本，让商家可以让利于消费者，以低价赢得更多用户。

除此之外，消费者在网上完成购物，只需要准确地填写自己的信息，自己足不出户就会有人将商品送上家门，省却了逛街劳累之苦。

与越来越普及的购物网站相比，传统的市场显然并不占据优势。传统行业如果不能尽快转换思维，尽快地适应时代的发展，那么，等待它们的就会是没落。

互联网+传统百货商场=京东

买家电哪里去？很早之前，我们最先想到的可能会是国美和苏宁，但是现在，很多消费者第一时间想到的可能就是京东。211限时达，高品质、优服务、快速度，这些优势让京东在诸多的电商网站中迅速崛起。

同所有的购物网站一样，因为省却了很多中间环节，京东上的商品相较于传统门店的家电产品价格要低一些，物美价廉，使得京东在消费者中享有很好的声誉，无形之中形成了一种口碑效应。

作为中国最大的自营式电商企业，京东在2010年就已经跃升为国内首家规模超过百亿的网络零售企业。2013年京东与腾讯合作，将拍拍纳入京东旗下，事业版图不断扩张。

2014年5月22日，京东在纳斯达克股票交易市场挂牌上市，股票代码：JD。至此，京东成为国内仅次于阿里巴巴、腾讯与百度的第四大互联网上市公司。

2014年11月20日，在浙江乌镇举办的首届世界互联网大会上，中共中央政治局委员、国务院副总理马凯称，阿里巴巴、腾讯、百度与京东四家企业已经挺进全球互联网公司十强。

这无疑是一个让人振奋的消息，这让更多的人看到了互联网与传统行业相融合所爆发出的惊人力量。

2014年11月22日，京东大家电"京东帮服务店"正式开业。京东宣称，在未来的三年内，京东帮服务店将在全国区县展开，届时京东帮服务店将能达到千余家。

京东，从一个小小的自营电商到迅速发展壮大成为电商领域的巨头，这中间仅仅用了十几年。

十几年的时间，一个传统企业可能还在进行艰苦的资本原始积累，但是京东这个与互联网血肉相融的企业已经一跃冲进了世界互联网公司的前列。

互联网+传统红娘=世纪佳缘

社交网络的发达让人们花在社交工具上的时间越来越长，而人与人之间现实中的交往却越来越少。随着这种情况的加剧，人们现实生活中的交际圈正在无限缩小，而虚拟空间的社交圈却在不断扩大。

网络的发达一方面方便了人们的生活，一方面也使很多人沉迷于网络，宅在家里的人越来越多。随着时间的流逝，很多人成为大龄青年，成为被催婚的对象、"困难户"。

面对家庭与社会施加的双重压力，"困难户"们开始无奈地寻找自己的另一半。一面是焦灼，一面却有些放不下面子。这时候怎么办？

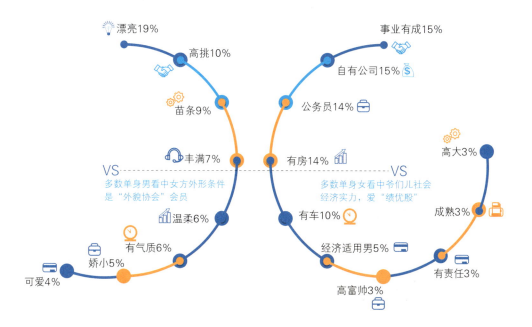

男才女貌根据
世纪佳缘"热搜榜"数据显示

漂亮19%
高挑10%
苗条9%
丰满7%
温柔6%
有气质6%
娇小5%
可爱4%

VS 多数单身男看中女方外形条件是"外貌协会"会员

事业有成15%
自有公司15%
公务员14%
有房14%
有车10%
经济适用男5%
高富帅3%

VS 多数单身女看中爷们儿社会经济实力，爱"绩优股"

高大3%
成熟3%
有责任3%

网络红娘解决了这类人的燃眉之急，通过网络寻找自己中意的对象，既扩大了自己的选择范围，又能让自己不至于陷入尴尬的境地。

互联网+传统红娘诞生了世纪佳缘。相比于其他行业，网络红娘这个行业算是互联网市场的一个空白，世纪佳缘适时填补了这个空白，迅速占领了网络红娘市场，壮大了网上相亲队伍。这也让传统的红娘行业焕发出了新的生机。

互联网+传统交通=快的、滴滴

在几年前，当你晚上回家没有公交车，想要打车却又打不到的时候，你是不是会觉得非常无助？当你出门遭遇了雨雪天气，而你所在的地方又是荒郊野外的时候，你是不是会觉得倒霉极了？

　　传统交通存在着诸多的局限：等公交车，你不知道公交车什么时间才会到，你需要等待多久；打车，需要运气，你不知道多长时间你的面前才会经过一辆出租车。

　　但是现在，互联网与传统交通亲密接触，让这一切都不再是问题。只要我们在手机上下载一款公交车到站软件，就能实时查询公交车的到站情况，进而赶着合适的时间乘车；只要我们下载一款打车软件，不管你处在什么位置，只要你打开打车软件就能查询到附近的出租车数量，点击打车，你的订单就能被附近同样安装了打车软件司机端的司机接收，抢到订单的司机就会在第一时间来接你。

　　互联网的盛行，移动互联网的发达，让出行不再是一件困难的事情，也改变了传统的交通环境，让出行变得更加方便和智能。

互联网+代表一种新的经济形态

李克强总理在2015年的政府工作报告中提出互联网+概念，将互联网+上升到了国家战略的高度，这就给各行各业发出一个信号，在未来，互联网+将成为国家重点发展的战略项目。站在互联网+的风口上，就能让中国经济迅速腾飞。

互联网+实质上代表的是一种全新的经济形态。在这个经济形态中，需要企业充分发挥互联网的优化集成作用以完成对生产要素的配置，将互联网发展所带来的创新成果与经济社会各领域深度融合，快速提升各行各业的创新能力与生产能力，形成以互联网为基础设备和实现工具的更为广泛、更有深度的经济发展新形态。

在全球都趋向互联网化的现阶段，如果我们不能跟随全球发展的步伐，就会落后于世界发展的脚步。

时至今日，互联网+的趋势已经变得不可阻挡，不论是国际国内，互联网+已经对传统行业造成了很大的影响。

比如餐饮行业，国内很多餐厅采用电子菜单，用户通过手机APP就可以直接点餐；国外IBM的沃森超级计算机，通过将每一种食物的营养物质和气味进行排序，然后设计出菜单，进而做出食客之前从来没有吃过，但味道和营养都极佳的菜肴。比如医疗行业，国内的挂号平台缩短了医患之间的距离，极大地提升了沟通效率；国外通过将机器人技术、DNA技术与互联网技术相融合，将抗癌药物精准地投放到血管当中。

……

利用互联网的平台，利用信息技术，把互联网和包括传统行业在内的各行各业结合起来，能够在新的领域创造一种新的生态

　　互联网技术与传统行业的融合，对传统行业而言是颠覆也是机遇。说是颠覆，是因为传统行业与互联网融合后，具备了传统行业所不具备的优势，在传统行业从业者看来，就像是一个闯入者，将自己固守了多年的领地搞得天翻地覆、满地狼藉；说是机遇，则是因为任何一个传统行业都可以运用互联网+技术为自己创造价值，任何一个传统行业都可以选择合适的切入点与互联网进行完美的嫁接。

　　站在互联网+经济的风口，各行各业都需要积极做出改变，在这个人人都在亲近互联网的时代，变则通，不变则亡。

第二章

两化融合的时代，

>> **互联网+给传统行业带来的影响与机会**

　　随着信息化与互联网化的融合，各行各业都开始了重新洗牌。餐饮业，有用互联网思维迅速蹿红的雕爷牛腩；手机行业，有利用互联网快速崛起的小米科技；交通行业，有将互联网与传统交通融合在一起的滴滴与快的。

　　科技的大发展，互联网的深入普及，让我们周围的一切变得越来越智能，这给传统行业带来了巨大的影响，同时带来了无数的机会。

餐饮业　有用互联网思维迅速蹿红的雕爷牛腩

交通行业　有将互联网与传统交通融合在一起的滴滴与快的

手机行业　有利用互联网快速崛起的小米科技

在互联网+的风口上，第一、二产业加速互联网化

互联网+这个概念在2015年的全国两会期间被提出来，意义已经完全不同于2013年腾讯董事局主席马化腾在众安保险开业仪式上的提出。

互联网+被国务院总理李克强上升到了国家战略的高度，互联网+计划也被列入经济元年的重点发展战略。

马化腾提起互联网+的时候，说互联网可以+任何领域，比如，交通、医疗、金融、娱乐、游戏。

而李克强总理所提到的互联网+已经被提炼成了一种经济形态，总理说："站在'互联网+'的风口上顺势而为，会使中国经济飞起来"，总理的报告无疑指明了国民经济下一步发展的方向。

在互联网金融席卷全球、世界经济飞速发展之际，互联网+概念的提出所引起的震动丝毫不亚于以工业4.0为代表的新工业革命。新经济形态下的互联网+，以大数据、云计算、物联网、社会计算为技术支撑，为各行各业的发展提供了更多的可能。

　　对互联网全面重视已经成为全世界的共识，李克强总理在全国两会如此重要的场合提出互联网+概念，将互联网+上升到国家战略层面，这有着深刻的社会背景。首先，互联网的普及，人们的生活、工作对互联网的依赖，产生了海量的数据，大数据也因此成为互联网行业最为关注的焦点；其次，互联网在人们生活工作中的重要性，可以说是仅次于水电气等基础设施。绝大多数人可以一天不吃不喝，但却不能一天没有网络。从某种角度上说，互联网的重要性甚至还要超越水电气等基础设施。正是从这个角度上说，将互联网发展成为继水电气之后的第四基础设施，利用互联网大力提升国家的整体经济实力，是促进国家目前经济转型的重中之重。

受益于互联网+计划，电子商务、工业互联网以及互联网金融都得到了迅猛发展。互联网+工业诞生了工业4.0，第一、二产业也开始加速互联网化。

传统行业利用互联网的力量，快速提升了产品的生产效率，创新了品质，方便快捷地与更多的合作伙伴达成合作，而这也反过来进一步加速了第一、二产业互联网化的进程。

传统产业通过沉淀大数据，积极开发数据所延展到的领域的产业链，开始由传统行业向互联网金融企业靠拢。通观当前国内的经济发展态势，我们不难发现，在互联网+风潮的影响下，互联网金融、医疗、工业、农业等等相关的领域都开始摩拳擦掌，积极与互联网接轨，主动谋求在移动互联网时代的经济转型。

最早遭到互联网改变的行业是第三产业，现在这种改变正在慢慢浸透第二产业。比如第二产业中的手机行业与电视行业就已经在互联网经济的新形势下进行了重新洗牌。当然，互联网经济所浸透的范围和对象是没有限制的，现在第一产业也遭到了互联网经济的浸透。比如，本来生活网就为农民创造了条件，让他们可以在网上将产品直接卖给城市的居民，这种做法无疑改变了传统的销售模式。

从社会上正在发生的种种变化，我们不难总结出，在未来的十年，第一、二产业将会在互联网的助推下达到高潮，而互联网+技术将会是这股浪潮最大的推手。

越来越多的企业将融入互联网+的大潮

互联网+是一种趋势，趋势所向，越来越多的企业将会融入互联网+的大潮中。

为什么这么说呢？让我们看一看在过去的二十几年里，互联网给中国的经济带来了哪些巨变吧。

互联网最先在国内萌芽的阶段，大批的门户网站、网络游戏、电商如雨后春笋般冒了出来，由此催生了很多与互联网相关的经济形态。随着互联网的逐步普及，物联网兴起、大数据技术被逐步应用到各个领域，很多传统行业在新兴的产业模式冲击下遭到了颠覆。

从萌芽到颠覆，互联网是如何一步步抢占了传统行业的地盘的呢？

全球互联网化大致是通过这样四个阶段实现的：第一阶段，营销变得互联网化。大量的广告主从传统媒体向互联网媒体转移。第二阶段，渠道开始变得互联网化。传统的门店开始注重线上渠道的销售，比如，国美和苏宁都开始积极向互联网转型。第三阶段，产品开始互联网化。这一阶段的发展有着独特的时代背景，其中最关键的就是智能手机盛行，移动互联网成为潮流。这一阶段的典型代表就是小米。第四阶段，即现在正被热炒的互联网化，不管是传统企业还是互联网企业都显示出一种网络化与数字化的趋势。

第一阶段
营销变得互联网化，大量的
广告主从传统媒体
向互联网媒体转移

第二阶段
渠道开始变得互联网化，传
统的门店开始注重线上渠道的
销售，比如，国美和苏宁都
开始积极向互联网转型

全球互联网化
大致是通过这样
四个阶段实现

第三阶段
产品开始互联网化，这一阶
段的发展有着独特的时代背景，
其中最关键的就是智能手机盛
行，移动互联
网成为潮流，
这一阶段的
典型代表就
是小米

第四阶段
即现在止被热炒的互联网
化，不管是传统企业还是互
联网企业都
显示出一
种网络
化与数
字化的
趋势

　　经过这四个阶段的发展与淬炼，越来越多的企业已经意识到，在所有企业都向互联网经济转型之际，只有积极主动地融入互联网的怀抱，才可能在这个时代生存下去，才可能活得更好，赢得更多机会。

万科死磕互联网，试图发展互联网地产

互联网浪潮席卷全球，不仅造成了整个产业格局的变化与各个行业的重新洗牌，还造成了胡润百富榜中企业家的重新排名。

五年之前，富豪榜上几乎是清一色的地产商，而现在，在前30名中，从事地产的企业家只剩下了10位，马云、马化腾、李彦宏、刘强东、雷军等互联网大佬则占据了前十位中的半壁江山。

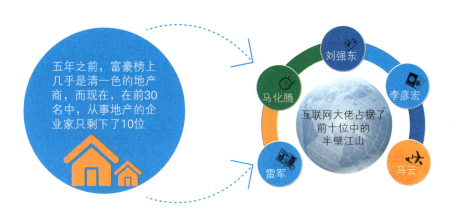

从这个变化之中，我们不难发现，目前的互联网经济已经成为一股新崛起的力量，借着这股力量，越来越多的互联网行业新秀冒出了头。

而反观现在的地产行业，因为房价居高不下，购房者人数持续减少，造成现在的地产行业遭遇前所未有的发展瓶颈，开发商面临着转型的阵痛，需要经历一个重新洗牌的过程。对传统的地产行业而言，如果不能接受新思维、新经济形态的洗礼，就很难保证在这个转型与洗牌的过程中很好地坚持下来。

在这样的大背景之下，越来越多的地产商开始向互联网行业取经，积极探索互联网+地产的新模式。

比如，SOHO中国的潘石屹就在微博上这样写道："房地产作为传统行业要跟互联网结合起来，进行一场O2O平台上的革命。"而王石则这样说："淘汰你的不是互联网，而是你不接受互联网。"

的确，如果地产行业不懂得将互联网当成一种工具与自己的行业结合，那么，就会被那些抢先利用互联网武装起来的同行们淘汰掉。

形势逼人，面对大势所趋，有远见的地产商们已经开始积极进行尝试，将互联网与地产行业相融合，变着花样来顺应时代发展的潮流。

在地产行业的大佬们纷纷探究"互联网+地产"究竟该怎么玩的时候，万科闷声不响地开发出了一款叫作"住这儿"的APP，试图打通线上线下，解决互联网与地产行业接轨最后一公里的关键问题。

"住这儿"的主要用户是万科的业主与住户群体，万科通过"住这儿"致力于打造包括物业服务、社区交流以及商圈服务等内容的O2O商业闭环。

"住这儿"手机APP正式发布之后，万科在上海、广州、天津、成都、南京等五地的物业招标市场出现回暖。

当然，万科在互联网时代的玩法还不止这些，比如，万科对社区商业进行战略性调整，从开发商向服务商转型，注重为用户创造价值，致力于打造立体式全方位的生态系统，丰富与社区居住环境配套的产业链。2014年3月31日，万科与中信集团达成战略合作，在万科的大、中、小三级商业项目中引进了中信书店及其衍生服务。在中信的多功能书店，消费者不仅能够买到书，还能享受到上网、餐饮、银行等多元化服务，这再一次体现了万科积极谋求与互联网接轨的意向。

阿里巴巴在金融业做加法：余额宝

阿里巴巴是干什么的？很多人可能会不假思索地说："阿里巴巴是国内最大的电子商务网站，是不折不扣的电商。"

的确，阿里巴巴是国内当之无愧的电商巨鳄，但同时，它也是国内许多金融机构无法企及的金融大亨。

一个强大的支付工具——支付宝让阿里巴巴的平台上每时每刻都汇聚着数以亿计的财富。2014年，追随互联网金融的脚步，阿里巴巴大力推出了余额宝，毫无争议地瓜分了传统金融业的既有蛋糕。

银行　支付宝　利息　余额宝

经过2014年的一年累积，余额宝的规模已经达到数千亿元，客户数更是数以千万计，与余额宝合作的天弘基金更是一跃而成为国内最大的一家基金管理公司。

用户使用余额宝，不仅能够获得收益，还能随时进行消费支付与转出，就像使用支付宝一样简单方便。其操作非常简单，支付宝用户在支付宝网站即可购买基金等理财产品，转入余额宝内的资金会由基金公司在第二日进行份额确认，确认完成后就会开始计算收益。

2014年12月27日，央行明确发文，余额宝等各类被存放在银行的货币基金也要计作存款，需要缴纳存款准备金。

这一举措导致了余额宝的收益出现下滑，但从某种程度上说，也算是肯定了余额宝在金融行业里的正式地位。

小米在电视产业做加法：小米电视

若提互联网行业的典型代表，非小米莫属，靠着如日中天的互联网思维，小米在短时间内就圈得了大量的用户，并将这些用户发展成了小米的忠实粉丝。而小米也从一个后来者、追随者变成被诸多同行追赶和学习的对象，一时之间，小米模式、小米思维火遍了整个互联网界。

2015年1月4日，小米科技掌门人雷军公开了小米在2014年的战绩：售出手机6112万部，相比2013年增长了227%，含税收入为743亿元，增长135%。

在手机领域取得骄人成绩的同时，小米开始快马加鞭地扩展它的产业链条，不仅仅做手机，还开始做小米电视、小米盒子、小米手环、小米路由器……有着强大的"米粉"和良好的产品质量做支撑，小米的产品几乎从来不愁销路。

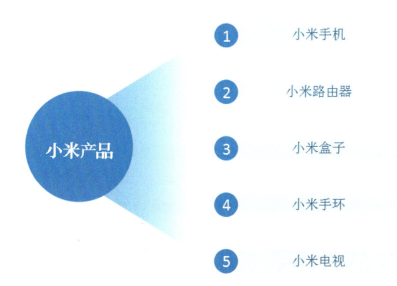

小米虽然在手机行业玩得风生水起，在电视行业却还是一个蹒跚学步的娃娃，小米电视的周围聚集着很多老前辈，比如创维、TCL、海信等等。所以说，在互联网大发展的环境下，小米做加法没有错，但涉足一个自己并不十分熟悉的行业，处境并不安全，随时都有被干掉的风险。

　　所幸，小米是一个玩转互联网思维的行家，它很善于将传统的东西与互联网结合起来，找到用户的痒点、痛点和兴奋点。

　　互联网电视业务一般由三个部分组成，即提供节目的一方、网络宽带以及节目接收终端。电视作为节目接收的终端，想要接入互联网，或者是转变成可以上网的智能电视（比如乐视电视），就需要通过连接网络与电视的媒介设备——互联网机顶盒，比如，小米盒子。

　　小米并不是最先研发盒子类产品的企业，但它却赶上了好机会。广电总局从2010开始正式发放互联网电视业务营业牌照，这些牌照全部都落在了广电系。而小米恰恰就跟广电系有着紧密的合作关系。

　　经过两年的发展，这些牌照拥有者已经积累了大量的用户，2014年7月，第三届互联网电视产业论坛在天津滨海新区召开，大会公开的资料显示，截至当月，国内互联网电视用户已超5 000万。

很多互联网企业都已经看出了这是一个庞大的市场，于是，在互联网的战场上，相继有小米推出小米盒子与小米电视、乐视推出乐视盒子与乐视超级电视。根据官方资料显示，这些产品在市场上的反响还非常好，而小米盒子更是成为目前市场上最受欢迎的互联网机顶盒类产品。截至2014年6月，小米盒子与小米电视的累积销量已经迅速达到了400万台左右。

这个成绩是可喜的，也证明了小米利用互联网+思维扩大产业链条的正确性。

互联网营销鬼才雕爷的四次创业美谈

雕爷孟醒一共有过四次创业经历，每一次创业都是对互联网思维的极致运用，都颠覆了传统行业原本的运营模式。

雕爷的四次创业经历

1 阿芙精油

2 雕爷牛腩

3 薛蟠烤串

4 河狸家美甲

第一次创业，雕爷在淘宝做阿芙精油，通过优质的服务、给用户制造绝佳的体验、超乎用户的预期等方式，提高了用户黏度与二次购买率，短时间内就将阿芙精油做成了淘宝精油类中销量第一的品牌。

第二次创业，雕爷进军餐饮业，熟谙互联网思维的雕爷，从封测期就开始不断给餐馆制造话题：天价食神秘方、修道院啤酒、主人亲自设计的碗、男女食客享用不同的茶……这些噱头，让大家在耳目一新的同时，也对雕爷牛腩更加好奇，更加跃跃欲试。凭借着超强的实力，雕爷牛腩很快风靡京城。

第三次创业，雕爷做烤串，创办了薛蟠烤肉。毫无疑问，这一次雕爷又搞起了新花样，精选的肉源、精制的签子、精美的环境，让"撸串"的境界一下子就变得高大上了。这一次，薛蟠烤肉又一次火了。

第四次创业，雕爷做河狸家，仅仅一年后，这家公司就完成了三轮融资，估值超过3亿。

四次创业，四次成功，而且是显赫的成功，雕爷的秘诀是什么？就是将互联网用到了出神入化的程度。

做精油，将传统的化妆品拿到互联网上来卖，并赋予这些化妆品白领小资的格调，让阿芙精油与其他品牌的精油区别开来，一经售卖就赢得了无数好评。

做牛腩，赋予一块普通的牛腩不普通的故事，让牛腩也具备了话题性，勾起人们的好奇心，精选的肉料和餐谱，精致的餐具和服务，让雕爷牛腩还在封测期就已经吸引了无数人的注意。

　　做烤串，同样是烤串，吃街边烤串与薛蟠烤串的区别是什么？吃薛蟠烤串吃的是一种境界，高大上的境界，境界二字，正是当下很多追求生活品质的消费者所热衷的。

　　做美甲，河狸家，一种很简单的美甲服务，当这种服务可以上门的时候，同传统的美甲店也就区分开来了。

　　分析雕爷的创业经历，每一次都能利用互联网思维找到区别于其他竞争对手、让消费者买账的卖点，这或许就是他的成功之道。

互联网+公式引发移动互联网核聚变

互联网与各传统行业的融合就像是在平淡的市场环境中投入了一枚重磅炸弹，瞬间就引起了市场经济巨大的震动，造成了移动互联网市场的核聚变。

各行各业都开始积极备战移动互联网时代，开始紧锣密鼓地寻找机会，谋求转型。各种与互联网嫁接成功的企业如雨后春笋般冒出头来，给新兴的移动互联网市场带来了新气象。

虽说互联网+是各行各业经济起飞的风口，但若是企业在转型之时总是被动地等待机会，那么，即便是站到了风口上，也飞不起来，或者是即便飞起来也会很快掉下来。

因为，机会总是留给那些有准备的人，总想要碰运气的人，永远不可能获得风投者的青睐，也永远不可能真正地飞起来。

纵观这些年能够真正站到互联网+的风口，并能与传统行业完美融合的企业，几乎都成了行业巨擘，给原本的传统行业带来了致命的冲击，引发了各传统行业对未来发展的重新思考。

移动互联网时代给人们带来的最大变化就是生活习惯的改变。个人电脑盛行的时候，人们热衷于在电脑上聊天、发帖、购物，随着移动互联网的盛行、移动智能设备的普及，越来越多的PC用户开始由PC端向移动端转移，移动端成了商家必争的新战场。

有些行业看到了这种趋势，积极抓住市场变化带来的机会，开始加速与互联网融合，进而抢占了移动互联网与传统行业接轨时所产生的市场空白，从移动互联网的大潮中捞得了第一桶金。

这些典型的行业主要有互联网媒体、互联网娱乐、互联网零售、互联网金融、互联网地产等。

互联网+媒体：网络媒体给传统媒体造成巨大冲击

互联网与传统媒体相结合，诞生了互联网媒体，与传统媒体相比，互联网媒体不受时间与地域的限制，能够在最大范围内进行消息的扩散，这在某种程度上就改变了传统的营销手段与营销格局。

就像我们前面所说的那样，互联网+时代，人们的生活习惯正在发生着翻天覆地的变化，人们把越来越多的时间花费在手机屏幕上，社交、娱乐、购物、出行、阅读……一张小小的手机屏幕几乎包罗了人们生活的所有内容。移动端用户的不断增加，为互联网媒体的诞生创造了条件。

互联媒体的蓬勃发展为互联网广告的发展提供了肥沃的土壤，近些年，互联网广告正在呈现几何式的增长。

2015年3月15日，我国发布了首部《中国移动互联网广告标准》，为互联网媒体的发展提供了相关的政策依据。相关行业标准的落地在某些方面也暗示了互联网广告所蕴含的蓬勃生机。

从互联网媒体诞生到现在，大致经历了三个阶段：

传统媒体开始互联网化。大批互联网媒介涌现（比如网易、搜狐与新浪等门户网站）。这一阶段的互联网媒体延续着传统媒体的商业模式，区别只是在于传播介质从纸和电视转变成了互联网。

搜索与互联网相结合产生了互联网营销。这一阶段最典型的代表就是百度和谷歌。以搜索技术、关键词定位技术为基础的搜索新媒体很快就获得了无数广告主的青睐，互联网+搜索的广告媒体，每天都能收到数十亿次的搜索，这其中就蕴藏着巨大的广告价值。

精准化与程序化交易。在这一阶段，互联网媒体定位的用户对象更为精准，提升了广告的推送效率。同时，广告主通过程序购买互联网广告位，能最大限度地向精准用户展现广告内容，从而大幅度地提升了广告主的投入与产出比，有效地利用了互联网媒体资源。

经过三个阶段的蜕变与发展，互联网媒体展现出了惊人的力量，移动广告市场也显示出了巨大的商机，互联网广告媒体正在迅速崛起，抢食传统广告媒体的既得蛋糕。

业内资深专家表示，在广告行业未来发展的几年里，传统广告将逐渐衰弱，互联网广告则会疾速崛起。

据相关资料显示，2011至2014年，虽然电视广告稳居国内广告市场首位，但互联网广告的市场规模则超过了传统纸质媒体的广告规模，位列国内广告市场的第二位，并保持着持续高速的增长态势。

照着这样的发展态势，未来的移动广告市场将会是一片丰饶的处女地，谁能积极修炼内功，把握机会，在互联网+的风口上顺势而为，谁就能在这块丰饶的处女地上率先挖出金子，成为互联网广告市场的先行者。

互联网+娱乐：网络游戏让传统游戏生存艰难

移动互联网的大发展，在渐渐挤掉传统行业的生存空间，互联网与各行各业一经融合，很快就会给原行业带来致命的影响，比如互联网+娱乐，不仅让传统的娱乐行业生存艰难，也让传统的游戏行业遭遇了迎头痛击。

的确，随着智能手机的普及，人们将越来越多的消遣娱乐和游戏时间用到了玩手机上，手机屏幕那一块方寸之地，很快就成为商家聚集的新战场。各行各业的商家和企业都想要在那块小小的手机屏幕上占据一席之地。其中，互联网+娱乐所产生的互联网娱乐甚是火热，深受用户的喜爱和追捧。比如手机游戏、手机视频等等。

观察我们的周围，你就会发现，"手游"几乎已经成了人们休闲娱乐最常用的一种方式。公交车上、地铁站里、同学聚会时，我们都能看到那些手持手机玩得不亦乐乎的人们。飞机大战、愤怒的小鸟、水果忍者、疯狂猜谜、地铁跑酷……一款款手机游戏让人眼花缭乱；腾讯视频、优酷视频、搜狐视频、乐视网，一款款视频软件层出不穷。

互联网+娱乐催生了越来越多依托互联网生存的休闲娱乐软件，这些休闲娱乐软件如同洪水猛兽占据了人们大部分休闲时间。人们依赖互联网进行休闲娱乐的时间越来越多，而用在传统休闲娱乐上的时间越来越少，传统的娱乐行业正面临着严峻的挑战。

在互联网+娱乐的全力围攻下，传统的娱乐行业是适时突围，还是从此黯然离场，其中的关键就在于企业是否懂得利用互联网+的力量帮助企业转型，加速企业的互联网化。

互联网+零售：刺激传统零售业加速转型

很多年以前，人们也许从来就没有想过可以在网上购买商品，而且你只要填写了收货地址，就有人把商品送到你的家门口。

现在，随着电子商务的普及，人们曾经不敢想象的事情都已经成为现实，并变成了一种常态。

电子商务的盛行，给传统零售行业带来了什么呢？最显著的变化就是销售额锐减。

据权威资料显示，2014年，美国传统零售店第四季度的销售总额比同期增长3.7%，而电子商务的同期销售总额增长则高达14.6%。

在电子商务潮流的冲击下，文具、图书、服装以及电子产品的传统零售商们的生存越来越艰难，万不得已只有通过不断关停门店来拯救不断下滑的业绩。

的确，2014年是对传统门店考验最严峻的一年：手机行业巨头诺基亚倒下了、美邦、李宁等不少实体鞋服店在各地的门店悄然关停……

面临着互联网与传统行业融合的冲击，传统零售行业的生意变得越来越惨淡。于是，面对电子商务，很多传统零售行业都在惊呼"狼来了"。不错，狼来了，面对互联网这只凶猛无比的狼，传统零售行业究竟该如何应对呢？

其实，电子商务只是一种新兴的商业模式，是在某种程度上对生产力的解放和补充。但在同一个市场环境中、面对同一个消费群体，新旧两种零售模式共存，必定就要分食同一块蛋糕，这就难免会产生竞争与碰撞，此消彼长无可避免。

　　与此同时，电子商务的兴起，分流了传统门店很多优质顾客，大量具备消费实力的年轻高端消费群体在传统门店中消失。中国互联网信息中心的统计资料显示，电子商务的消费群体90%以上都是年轻时尚的都市白领，他们购买的商品也多是一些高端新颖的产品。若是按照这种趋势发展下去，传统的门店、商场很有可能会成为电子商务的补充，成为电商线下的"体验店"和"试衣间"。

　　面对无比残酷的现实，传统零售行业只有主动适应形势，积极展开互联网+攻略，将传统行业在零售与流通中的优势与互联网简单、便捷、无地域限制等优势相结合，才可能扬长避短，走出一条适合在互联网时代发展的特色道路。

互联网+金融：互联网金融PK传统金融业

　　2014年最火词汇排行榜，互联网金融绝对榜上有名。互联网与各行各业的结合，造就了各行各业的神话，其中互联网金融的神话，一度让互联网行业掀起了新一轮的金融热潮。

　　互联网的兴起改变了传统的融资模式、理财模式以及投资模式。互联网时代，众筹崛起，有志于创业的人们在众筹网站发起项目，只要项目具备一定的营利模式，能够吸引别人的支持，就能成功融资；投资理财领域，越来越多的非传统金融机构开始跟传统金融机构争夺饭碗，理财通、余额宝、网易理财、现金宝……各种各样的宝宝们，让传统金融机构手忙脚乱、惊慌失措。

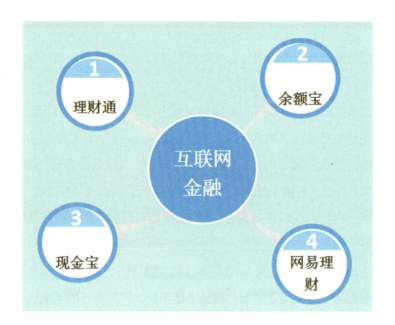

2015年3月18日，中国平安旗下的一款金融服务APP钱包上线，该APP推出"任性"定期理财产品，每天都会发售，1000元即可起购，这样门槛低且灵活的理财产品，很受消费者青睐。

人们在现实生活中经常会遇到的"融资难、融资贵、理财难、理财乱"等难题，正在被互联网金融机构慢慢解决掉。

传统金融机构底蕴深厚，面对互联网金融的挑战，它们绝对不会坐以待毙，而是在积极应对。

銀行给消费者最大的定心丸就是利息，各大银行的定期利率较基准利率均有不同程度的上调。

与此同时，诸多银行也开始加紧推出理财类产品，2015年3月3日，浙商银行推出"增金宝"产品，门槛低到1元，收益是活期存款10倍以上，同时具备消费、投资无缝对接，以及存取灵活无上限等诸多优势，产品一经推出就受到了用户的欢迎，直接叫板"余额宝"。

民生银行也在积极追赶互联网+的快车，目前已经成功开通了手机银行、网上银行、短信银行、微信银行等网络金融服务渠道，让客户足不出户即可办理业务。2014年，民生银行的个人网银与手机银行的用户数量双双突破了千万，截至去年年底，民生银行的手机银行交易额突破了3万亿大关。

不得不说，传统金融机构在面对互联网金融的冲击时，反应还算及时，能够及时采取各种措施来加以应对。拨开传统金融机构种种举措的表象，我们可以发现，各家银行不论是直接上浮存款利率，还是推出高收益的理财产品，最终的目的都是为了留住客户与资金。

当然，想要达到这个目的，并不是靠着一时一事的努力就可以做到的，还需要传统金融机构与时俱进。不断创新产品，优化服务才是金融机构屹立不倒的关键所在。

互联网+的三类平台

　　互联网与传统行业融合，想要尽快看见互联网营销的成效，就必须借助相关的平台。比如，传统门店想要互联网化，就需要借助淘宝、京东、当当等商务平台；传统媒体行业想要互联网化，就要借助新浪、搜狐、腾讯等门户网站的媒体平台；传统休闲娱乐行业想要互联网化，就要借助微信、微博、论坛等交互平台……

　　平台是传统行业互联网化的起点和基础，没有平台，传统行业向互联网转型的过程就会增加许多困难与麻烦。

交互平台

　　打开你的微信朋友圈，你是否能看到几个在微信上卖面膜的朋友？"十个朋友圈八个卖面膜"虽说是一句趣谈，却说明了交互平台在互联网营销中的巨大作用。互联网的发展催生的互联网经济模式，让开店创业都变成了分分钟就能实现的事情。

　　这很神奇，同时也说明了互联网的强大，拥有一个合适的平台，力量再微薄的人也可以干出惊天动地的大事。

　　微信、微博作为互联网时代人们最常使用的交互工具，蕴含着无可估量的巨大能量。在微信、微博上进行营销宣传，往往能够取得立竿见影的效果。

　　有一家在微信上卖儿童绘本的小店，日流水量竟然高达三万三。这家微店的店主是如何做到的呢？原来在这家微店店主准备开绘本小店之前，就已经开始为自己拉拢粉丝了。他先是在自己的朋友圈里发一些绘本图画，吸引来了众多粉丝关注、围观，等到粉丝们壮大到一定程度时，他宣布推出自己的绘本微店，专门卖绘本。

　　因为前期关注他的都是一些喜欢绘本、对绘本感兴趣的用户，等他要卖绘本的时候，生意自然就会源源不断了。

　　微信，只是一款即时通信工具，但因为其用户众多以及强大的交互功能，让诸多创业者在微信上实现了自己的创业梦。仅仅是利用一款小小的社交软件，创业者们就找到了交互平台，完美地让互联网与传统行业进行了融合。

媒体平台

　　在过去的一年里，所有的互联网业界人士几乎都在提互联网思维，所有在提互联网思维的人几乎都对一个词不会陌生，这就是"罗辑思维"。

　　"罗辑思维"很火，一档个人视频脱口秀节目，为什么能够这么火？

　　　　最大的原因可能是因为"罗辑思维"的创始人罗振宇曾发起了两次"史上最无理"的付费会员制度：普通会员，会费200元；铁杆会员，会费1200元。更让人惊讶的是，虽然购买了会员资格，但不能获得任何收益，只能免费观看"罗辑思维"的视频脱口秀。

　　这个条件看起来没有丝毫诱惑力，很多人都认为罗胖子是在异想天开。然而，最终的结果却让大多数人大跌眼镜：在半天的时间内，就售出5 500个会员名额，160万元入账。在第二次的会员招募活动中，罗振宇的募集资金量再创新高，一天之内募集到800万元。

　　如今，在优酷网上，"罗辑思维"累计播放量已经超过1亿，其微信粉丝早已超过200万，每期视频点击量均过百万，互联网媒体之强大显露无遗。

罗振宇逻辑思维：论剩女

罗振宇逻辑思维：见识决定命运

罗振宇逻辑思维：歪理颠覆因果逻辑关系，如何做个明白人

罗振宇逻辑思维：失控的天朝——还原一个真实的隋朝

罗振宇逻辑思维：看不懂的英美法

罗振宇逻辑思维：反腐到底反什么

罗振宇逻辑思维：为泡妞之成功而读书

罗振宇逻辑思维：夹缝中的80后

罗振宇逻辑思维：土地私有到底有多痛

罗振宇逻辑思维：胡适的百年孤独

　　毋庸置疑，"罗辑思维"是互联网催生的产物。互联网与个人渊博学识的融合再加上一个合适的媒体传播平台，让"罗辑思维"迅速蹿红。

当今时代，已经不再是"酒香不怕巷子深"的时代了。如果你找不到合适的媒体平台去宣传自己，哪怕你拥有真材实料，别人也不知道，自然也就不会买你的账。

有料，还要有平台，懂得依托平台稳步发展和壮大，才能真正让互联网+技术为我所用。

商务平台

电子商务平台就好比是传统零售行业中的集市，有了集市，各行各业才能有地方来售卖自己的商品，有了平台，各行各业才能找到施展的空间。

伴随互联网技术发展起来的商务平台有很多，其中成就显赫的无外乎是这样几个：淘宝、京东、当当、天猫。

淘宝作为发展多年的电商平台，实力雄厚，主营的是一些服装鞋服等生活用品；

天猫作为淘宝分离出去的电子商务平台，主要以高端服装品类为主打；

京东作为直营的垂直电商，以经营家电类产品为主；

当当主要是经营图书音像类产品。

……

各行各业在选择商务平台的时候，综合考虑自己所经营的商品品类，慎重选择商务平台，才能让互联网与传统行业的结合发挥出最大的作用。

第二部分

互联网+概念爆发，顺势则生，逆势则亡

这是一个互联网+的时代，每一个传统行业都孕育着互联网+的机会，在寻找互联网+的过程中，是顺势而为，还是消极等待？

古语有云，顺势者生，逆势者亡。要想不在互联网+大势的冲击下轰然崩塌，就必须读懂互联网+，抓紧转型，在起跑线上先赢下这场攻坚战。

移动互联网孕育着巨大商机，这已成为整个社会的共识，无数传统企业或已捷足先登，或正摩拳擦掌，准备着接轨于互联网。

对它们来说，转型互联网，成功则海阔天空，不成功则遗恨终生。一场互联网时代的变革战正以不可逆转之势汹涌袭来。

这是一个"胜者为王、强者为尊"的时代

　　这是一个科技日新月异、信息发展越来越快速的时代。在惨烈的市场竞争中，要想占据制高点，就必须在先期的争夺中挤出空隙，并依托这样的资本，拓展自己的空间和壮大自己的份额。

　　谁都想把蛋糕做大，但市场不会给予被动等待者机会，谁能在这场没有硝烟的战斗中不败下阵来，谁就能在进军互联网+的路途上做大做强，就能真正立于未来的资本之林。

　　"没有成功的企业，只有适应时代的企业。处在互联网时代，企业只能跟上互联网。百年企业就是通过'自杀'重生的。"海尔集团董事局主席、首席执行官张瑞敏的一番话就很好地说明了这点。

当互联网深入人们的日常生活中以后，互联网和传统企业已经产生了化学反应，它也创造了一个"胜者为王，强者为尊"的残酷现实。任何企业都必须要战战兢兢、如履薄冰地来应对。要知道，这个时代"唯一不变的就是变化"，不能转变思维的企业，最终也只能被这个社会淘汰。

电子商务的发达，让无数传统门店黯然离场

电商？店商？在越来越多的消费者面前，二商之间似乎已经构不成一个像样的选择题。

有这样一组数据：2012年中国网络零售市场交易规模为13 205亿元，2013年攀升至18 851亿元，同比增长42.8%；2014年则初步统计为27 861亿元，蹿升速度达到惊人的47.8%。有专家预计，网络购物未来仍将以30%的速度增长。可以预见，在电商的阵地步步推进不断扩大、拥有的人群越来越多时，店商的份额将会更显萎缩，以前呼风唤雨的店商日子越来越难过了。

事实上，以天猫商城、京东商城、苏宁易购等为代表的电商产业已经将无数传统门店推上了风口浪尖，曾经顾客熙来攘往的各百货门店及休闲服饰品牌门店变得门可罗雀，黯然离场者不在少数。

2014年6月，在北京较有影响力的华堂商场望京店关门；7月，百盛商场东四环店关门；8月底，华堂商场北苑店也闭门谢客。然而百货零售业关店的还不仅仅是这三家，老牌百货王府井湛江店和华联综超北京安贞店也曾相继宣布关门停业。

　　鞋服行业传统门店也面临着同样的窘境。仅在2014年第三季度，一直走在休闲时装品牌前沿的佐丹奴就已关闭了74家零售商店。在繁华的成都春熙路商圈，佐丹奴以前有3家以上的门店，而现在却仅存2家，其中1家还不是独立的门店，隐藏在一个百货商场内。不仅佐丹奴，真维斯、艾格、七匹狼、九牧王、卡奴迪路的关店数也都在两位数和三位数之间。按目前的态势来看，这股关店潮短时间内还将继续。

　　相较于店商的关店潮，电商的日子却如日中天。以2014年的"双十一"为例，这个原本的光棍节在被电商们发展为购物节后，每年都在实现着惊人的业绩增长。这天天猫淘宝的全天成交金额达到571亿元，交易峰值达285万笔/分钟，全球范围内新的网上零售交易纪录就此诞生。京东、苏宁易购、唯品会、1号店、当当网也在这天产生了惊人的成交量。

即便是传统的店商，一些有运营思路而得以先期转战互联网的，其日子也比单纯的店商好过。杰克琼斯在2014年"双十一"，勇夺男装销售冠军。美特斯邦威在门店实施O2O改造后，也实现了业绩的增长。

随着智能手机的普及和电商阵地的日趋扩大，以及80后、90后成为消费主体，如果门店经营者们还不能转变思维，寻求互联网+的庇护，那么最后也只能步关店者的后尘，被这个新兴的市场淘汰出局。

现今，4G上马、宽带开放，"互联网+"的提出，让很多电商凭借政策的利好乘势崛起。由此看来，未来独立于互联网之外的企业几乎是无法生存的，一切企业都必须要互联网化，只有这样才能在这个市场空间中挤占自己的份额。尤其是要用好O2O模式，让线上和线下的优势得到互补，线下让消费者直接感受产品的优劣，线上则能符合现代的消费潮流。

所以，变则通、不变则死，生死攸关之际，传统门店也到了该转换思维的时候了。

诺基亚的陨落：跟不上时代就是最大的错

2013年9月2日，微软宣布以54.4亿欧元收购诺基亚，这个曾经的手机界巨头就此轰然倒下。在诺基亚退出历史舞台之前，其前CEO约玛·奥利拉曾无奈地说："我们并没有做错什么，但不知为什么，我们输了。"说完，连他在内的几十名高管纷纷落泪，这样的场景让无数人唏嘘扼腕。

然而，诺基亚真的并没有做错什么吗？要知道，"成功的企业总是相似的，而不成功的企业却各有各的不幸"。诺基亚的陨落，也可谓是"冰冻三尺非一日之寒"。它怎么可能"没有做错什么"呢？

究其根本原因，诺基亚最大的错误就在于，没能跟上时代发展的步伐，没能跟上新技术、新环境的变化。

　　在手机2G功能机的时代，诺基亚的确是当之无愧的老大。从1996年开始，它曾连续15年占据手机市场份额第一的位置。在事业的高峰期，全球平均每5.7人就拥有一部诺基亚手机，甚至为芬兰贡献了4%的GDP。

　　2006年底，互联网潮流汹涌，诺基亚也曾想过将互联网与手机的未来融合在一起。然而，还没等诺基亚采取行动，它的竞争对手苹果和谷歌却早已经拔得了头筹。2007年，苹果推出了智能手机iPhone，谷歌则拿出了智能手机操作系统安卓。苹果和谷歌的创造性的革命，将并没对智能机引起重视的如大象般笨拙的诺基亚狠狠地甩在了后面。直到2009年5月，诺基亚才推出了Ovi应用商店。而此时，它的竞争对手们却早已在这个领域玩得风生水起。

　　时至今日，以前的诺粉已纷纷转为了果粉、米粉，诺基亚彻底败北。不是败给竞争对手，而是败给故步自封的自己。不懂得与时俱进，不懂得运用互联网思维，不会运用大数据，不知道创新，不能利用用户体验，那它就只能被这个社会所淘汰。

网上曾经流传这样一个段子："苹果说'我长得美'，诺基亚说'我禁摔'；苹果说我'应用多'，诺基亚说我禁摔；苹果说'我很好玩'，诺基亚说'我禁摔'。"这样一个极具讽刺意味的笑话，再一次道出了诺基亚跟不上时代的失败的原因。

其实，放眼全球，败在跟不上时代的巨头又何止诺基亚一个，爱立信、HTC、惠普等等皆是如此，这些曾经如雷贯耳的名字，都因为不能及时跟上这个时代，不在互联网领域里谋求创新，最终而被这个市场所抛弃，无法翻身。

优胜劣汰，物竞天择，这是市场生存的法则。在这个"唯一不变的就是变"的时代里，你不适应时代的改变，就会遭到时代的改变。因为别人不会管你有没有做错什么，别人只会管你的产品跟不跟得上时代的潮流，符不符合现代社会的规则，能不能以用户需求为经营导向，仅此而已。

　　企业过往的成功只能证明它曾经战胜了危机，并不代表它依然可以应对新的危机。那些看似强大且居于市场霸主地位的企业也有可能"大而必倒"。诺基亚的事情证明，"再大的公司在市场面前都是小公司"，只有忘记荣耀，放下身段，跟上时代，走向互联网，才能让其重新闪耀。

云计算、大数据、物联网，让互联网+拥有更多技术支撑

互联网+将会怎样改变企业的未来，这一点我们已经说得够多了。虽然它只是刚刚被提升至国家层面，但在这个领域的各项技术支撑，却几乎都已经具备了雏形。

"云计算"带来的落地可能，"大数据"带来的商业价值，和智慧城市同行的"物联网"，这些新鲜感十足的科技名词，正以突飞猛进的速度带动着互联网+的发生和发展，也让互联网+的规模化、泛在化具备了更多可能。

云计算，让互联网+落地成为可能

而今，用户对移动互联网的需求更加碎片化和个性化，用户对网络访问的速度和质量也更加敏感。对于进军互联网的各企业来说，良好的用户访问体验必将成为互联网+领域竞争的关键。

云计算，即指基于互联网的相关服务的增加、使用和交付模式，通常涉及通过互联网来提供动态的、易扩展的且经常是虚拟化的资源。简单来说，由于

云常用来表示互联网和底层基础设施的抽象，云计算的运算能力也就高得不可想象，甚至可以让用户体验到每秒10万亿次的运算能力。如果能将服务器、网络的运营维护等工作打包交给云计算服务，那用户就可以根据自身的需求进行采购，这就是云计算最直接的优势。

2011年5月12日，世界上第一台云服务器售出。自此，中国各大互联网公司即开始了云计算平台商业化的探索。2012年，阿里云的云计算产品和服务第一次整体亮相，从阿里云自主研发的大规模分布式计算系统，到基于其上的云服务器、开放存储、负载均衡、关系型数据库、开放数据等飞天开放服务组成的飞天开放平台，以及云盾、云引擎、云监控、云搜索、云邮箱等一长串名字，标志着阿里云已经完成了面向云计算实际应用的一套产品线。

不仅阿里，微软、谷歌、百度、腾讯等企业也都耗巨资建立起了自己的云存储硬件，这就为企业的"轻便化"搭起了跳板，从服务器到企业资料、员工管理，甚至营销，都可以让"云"托管。

"蜻蜓.fm"作为我国领先的手机移动广播收听应用，提供了全球在线新闻和音乐节目的3 000多个电台频道，以及其他点播内容的24小时不间断收听，在中国积累起数千万用户。但这款应用需要对世界各地的电台做本地转码，运算量极大，不可能使用传统物理机的模式。这是一个长期困扰"蜻蜓.fm"的问题，最后，它在云服务上找到了解决之道。

采用云服务后，"蜻蜓.fm"使用云主机，通过负载均衡满足产品高开发、高流量的特性，满足了其高访问、高转码的业务需求。其每年节约的成本竟占到30%左右。

　　云服务带来的好处不仅在于企业可以从硬件投入中摆脱出来，将主要的精力放在自身产品的优化上，还在于它可以通过云协作，将员工保存到线上。在传统的会议中，需要做会议记录，与会人员要各自执行任务，要多次沟通，但仍可能无法了解全面情况。而云协作则可以将工作任务具体化，通过任务卡片机制将目标分解成一个又一个项目进行跟踪，任何进展细节都会随卡片更新到云端，从而让过去的询问进度变成各自进度的主动体现，大大提高了任务的执行进度。

　　甚者，云营销平台系统的建立也能使企业将产品托付给互联网。用户根据产品特性，选定云内不同的传播媒介，自助投放营销材料，利用社交媒体放大产品声音。这样，就最大可能地减少了中介成本，让传播途径也变得更为可控。

　　也就是说，云计算不仅"开源"，而且"节流"，既能使得人们的服务理念和服务方式发生根本性的改变，也能减少资源浪费，降低运营成本，而这又是每一个身处这个时代的企业都愿意去享受的。

云计算带来了互联网的革新，2012年也被人称为"云计算落地元年"，自此以后各种应用不断涌现，这也意味着更多企业会低成本地享用IT资源，而未来社会各行业、各部门也将加速渗透和扩张，改变传统的产销模式，带来创新的商业模式。

不过，云计算的一个弊病还在于企业是否真的信任云服务商，毕竟要将自己的数据交给别人来进行管理。如果这一障碍得到了妥善的解决，互联网+的落地，将会普遍成为可能。那么，云计算形势下的互联网+，就不是在云端，而是在地面。

互联网+，本质上是对数据的精密利用

　　这是一个数据的时代，全球著名咨询公司麦肯锡曾做出这样的论断："数据已经渗透到当今每一个行业和业务职能领域，成为重要的生产因素，人们对于海量数据的挖掘和运用，预示着新一波生产率增长和消费者盈余浪潮的到来。"

　　的确如此，从大数据在移动互联网领域的火爆程度就可窥一斑。这一数量巨大、结构复杂、类型众多的数据构成的数据集合，如果能够整合共享、交叉复用，就能形成有效的智力资源和知识服务能力。所以说，移动互联网时代也是数据的运用时代，互联网+的本质也是对数据的精密利用，互联网+企业的本质上也是数据利用企业。

　　因为每一个人的行为都会被以数据的形式表现出来，甚至可以被可视化地呈现。对于进军互联网的企业而言，这种基于用户行为做出的数据分析和需求预测，必然会为企业的商业决策和基准营销提供依据。

　　北美地区的著名零售商百思买，有着异常活跃的销售活动。但让百思买的高管们非常头疼的是，他们的产品数量繁多，达到了3万多种，而且他们的产品价格也会随着市场和地域不断变化，有时一年的变化能达4次，调价超过12万次。

　　如何定价促销，百思买的高管们很长时间没找到合理的解决方案，直到察觉到大数据的价值。为此，百思买组成了一个11人的团队，开始分析消费者的购买记录和相关信息。

　　他们从数量、多样性和速度三个方面着手。先是从上千万的消费者购买记录中，对不同的客户群体进行分析，了解消费者所能接受的此款商品的最高价格，从而为产品制定出最佳价位。接着，他们利用社交媒体发帖的这种新型的非结构化的数据，统计消费者在本公司专页上点赞或留言的数据，来获取消费者对本公司的活动的情绪，并进行促销策略的微调。再就是他们对数据进行实时或近似实时的处理，根据消费者对某一商品的购买记录，为身处这一专柜的消费者发放优惠券，给消费者带来便利和惊喜。

　　经过这一系列的数据处理和促销调整，百思买很快增加了大量销售额，并产生了数千万美元的利润。这就是精密利用数据的魔力。

　　这样的例子还有很多。2011年7月欧洲杯期间，各大网络购物平台成交量在球赛开始时突然增长。有人通过数据分析得出"男人一看球，女人就购物"的结论。由此，电商得以利用这一分析结果精确定位女性购物群体，在球赛未开始时就推出促销活动，结果赚得盆满钵满。"大数据的最大商业价值，在于在海量数据分析后得出的预测。"维克托·尔耶·舍恩伯格在《大数据时代：生活、工作与思维的大变革》中如此说道。

　　其实，纵观世界的各大知名互联网公司，都可以找到他们受"数据驱动"的影子。比如百度，就是靠用户搜索表征的需求数据和爬虫（一种自动获取网页内容的程序）以及从其他渠道获取的公共web数据而称霸一方的。又比如阿里巴巴通过用户交易数据、用户信用数据，以及通过收购、投资等方式掌握的部分社交数据、移动数据，而在电商市场所向披靡，少有对手……

　　数据是企业生存的根本，在互联网+的时代，如果不懂得运用大数据小数据，不懂得其中的运作原理，就必然会使企业发展滞后，处处受制于人，失去立足之本。这是一个数据为王的时代，企业就必须要利用数据作为自己各种管理和营销的重要依据，要懂得对数据进行精密利用。

在互联网+时代的企业都应达成这样一个共识，只有依靠数据的指引，做出的决策才有可能是最正确的或是最贴近现实情况的。因为有了线上、线下的海量数据，企业即可进行综合分析，提升自身把握市场、把握用户的能力，甚至和线下用户无缝对接，进而做出包括调研、人群细分、客户开发、目标生产、精准营销等在内的更科学的决策。

物联网，传统行业运用互联网+最便捷的方式

在信息技术发展到一定阶段以后，现代人已经逐渐享受到了物联网带来的便利。物联网，其英文名称为internet of things，顾名思义，这就是物物相连的互联网。它有两层意思，一是其核心和基础仍然是互联网，是在互联网的基础上延伸和扩展的网络；二是其用户端已经延伸到任何物品与物品之间的信息交换和通信，也就是物物信息。从这个层面就能看出，物联网一定是互联网+最有用的工具。所有想要进军互联网的企业都需要依靠物联网。

物联网是通过各种信息传感的设备，如射频识别技术（RFID）、传感器、红外感应器等，实时采集任何需要连接、监控、互动的物体或过程，采集其光、热、声、电等任何需要的信息，与互联网结合形成一个巨大的网络。在这个网络中，物品本身就能够进行"交流"，无须人的干预，轻松实现对物品的"透明"管理。

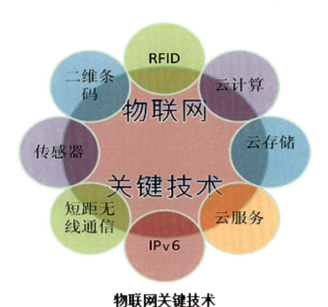

物联网关键技术

　　物联网为互联网+提供了一个为我们服务，能让我们去感知物理世界、控制物理世界的网络。其应用主要可分为监控型（如物流监控和环境监控）、查询型（如智能检索和远程抄表）、控制型（如智能交通和智能家居）、扫描型（如手机钱包和动态收费等管理和服务功能），实现对万物的"高效、节能、安全、环保"的"管、控、营"一体化。

　　物联网兴起以后，各国政府和企业纷纷看好其产业前景，包括中美在内的许多国家都将其上升到了国家战略层面。2009年8月7日，国务院总理温家宝在视察无锡时，提出了"感知中国"的计划，表明中国物联网的发展已拉开帷幕。

　　经过几年的发展，现已可见物联网在现实生活中的具体应用。

　　2010年5月开始的上海世博会的门票就应用了物联网的射频识别技术。其门票内含有一颗具有自主知识产权的"世博芯"，采用特定的密码算法技术，确保了数据在传输过程中的安全。持这种电子门票进场时，无须接触、无须对准，只需手持门票在离读写设备10厘米的距离内刷一下，就可以轻松入场。

　　"世博芯"还能为参观者提供多种类型的服务，诸如"夜票""多次出入票"等，通过射频识别芯片采集的参观信息会汇集到世博会票务系统的中枢，进行数据处理和分析，大大方便了园区的管理。它就好比是一个人的神经系统，管理方可据此了解园区内的人员密度，便于进行科学的分流引导。

　　同样，采用先进的射频识别技术，传统行业都可以对进出单位的人员、车辆、货物实现自动读卡识别，同时还可以支持自动进行人数（车辆数或货物数）的统计、行动轨迹跟踪和定位，大大减少管理的工序和提高效能。

　　现已比较普遍化的远程防盗、高速公路不停车收费、智能图书馆、远程抄表等技术也是应用物联网的典型实例。只不过，这些还仅是物联网技术的雏形，未形成一个庞大的网络。

　　但不可否认的是，物联网给我们构建了一个美好的蓝图，在未来，我们已经可以想象运用物物相连的庞大网络来实现智能交通、智能安防、智能物流、智能监控以及家庭电器的智能化控制，它也必将成为传统行业运用互联网+的一种最便捷的方式。因为物联网打破了之前的传统思维，将物理基础设施和IT基础设施完美地融合了起来，在物联网领域，基础设施就像是一块新的地球工地，世界的运转就在它上面进行，而且它还能提高经济性、降低成本。

中国的互联网+，天时地利人和

可以毫不夸张地说，今日中国的互联网+正处在一个前所未有的黄金时代，兼具天时地利人和，其不仅是历史的潮流与世界的潮流，而且也是中国的机遇。

从2013年11月6日，腾讯董事会主席马化腾首次提出互联网+概念，到2015年全国两会上李克强总理将互联网+概念上升到国家战略高度，再到全国各行各业都对互联网+引起重视，并纷纷开始向互联网转型，中国的互联网+之路，可谓是天时地利人和。

其实早在之前，互联网+就曾出现在李克强总理的政府工作报告中，他指出："要制定'互联网+'行动计划，推动移动互联网、云计算、大数据、物联网等与现代制造业结合，促进电子商务、工业互联网和互联网金融健康发展，引导互联网企业拓展国际市场。"第一次在政府工作报告中大量提到了互联网，并突出了互联网在经济结构转型中的重要地位。

互联网+写入政府工作报告，意义重大，表明互联网+已上升至国家层面，并且逐步开始向第一第二产业渗透。它说明互联网圈对政治权力影响力的扩大，而且它已经能够像传统企业家那样对政策产生影响力。

　　中国曾经错过了第一、二、三次的工业革命，但在互联网带来的第四次革命中却坚定地站在了风口上。在世界上，中国的互联网技术其实已经超过欧洲、日本和俄罗斯，能与中国一争短长者唯余美国而已。在这种情势下，未来的十几年，互联网必然会是中国政府的最大政绩之一。中国互联网+无疑占尽了天时。

　　从另一个层面来说，在互联网+写入政府工作报告之前，早已在神州大地进行得如火如荼。尤其是在第三产业中，"互联网+"模式已经得到了全面的应用。比如电商的京东模式和淘宝模式，都有大批传统的第三产业参与。网上银行也是以实体银行业为基础，滴滴快的的模式也正在改变传统交通业，大批的传统媒体同样行进在互联网+之路上，这还不算差不多席卷了整个服务业的O2O模式。

　　据称，今天中国的GDP尚有九成是传统企业贡献的，但在未来，将会有四成的GDP由传统企业的互联网化来贡献。互联网+正在逐渐抢夺地利，创造新的价值与新的发展生态，蛋糕正在做大。如果互联网+效应发挥得好，它就会像第一次工业革命的蒸汽、第二次工业革命的电力一样，极大地提升生产力和生产效率，有力地推动我国工业4.0进程。

　　接入互联网20年，中国网民数量已超6亿，而且还在以滚雪球的方式逐渐增多。2015年1月，腾讯的一个数据显示，全球接入互联网的移动设备超过70亿台。我国互联网用户达6.49亿，其中手机网民规模达5.57亿，渗透率达到85.8%，高于全球58%的渗透率，人和的优势显而易见。同时，世界互联网十强企业，中国占据了四席（阿里巴巴、腾讯、百度和京东）远超欧洲，一个网络强国的雏形已经显现。互联网业已经完全具备拉动第二、三产业，带动整个国民经济全面向上的能力。

第三部分

互联网+，"+"的是思维、理念与模式

从表面上来看，互联网+说的是互联网+各行各业，但其深层的意味却是互联网+思维、理念与模式。

各行各业必须主动地寻求被+，要"拥抱"而非"抵触"，要积极培养和深化自己的思维、理念和模式，主动进行以上三者的自我颠覆和变革，唯其如此，方能加速自身的互联网化，实现行业+互联网的深入融合。

互联网+有一个显著的特点，那就是不再有传统行业和互联网企业的划分，所有企业都要主动或被动地融入互联网。而互联网思维，就成为企业逐鹿市场的重要砝码，谁能掌控这种全新的思维，谁就能笑傲互联网+时代。

互联网+是对传统商业链的重新思考

互联网+使得云计算、大数据、物联网等技术成为基础设施，用户和厂商之间得以更加便捷地连接和互动，不再只是销售或服务人员去面对终端用户，用户开始越来越多地参与厂商价值链的各个环节的运作。这样，为了更快、更好地满足用户需求，传统的商业链模型就必须被新的互联网思维进行重构。

首先是新的产品开发模式。按照传统思维，开发模式大多是企业先对消费者进行调查，继而找出消费者的需求。企业再根据消费者的需求，找专业的人员进行设计，接着是购置原材料，组织工人生产，打广告，将产品推向市场等。这一套流程既烦琐又冗长，前后耗掉大量时间，有时甚至会在产品推出以后，由于市场变化、消费者的需求发生变化而造成产品积压、资源浪费，以至在市场份额上落后于别人的不利局面。

因此，何不采取一种全新的开发模式来弥补这一缺陷呢。这一点，有人已经做到了。

　　海尔的模卡电视就是此例。海尔在研发这款产品时，就针对国内的互联网用户启动了征集体验者的活动，和用户一对一地沟通，通过收集用户对电视的看法和期待，来相应地对要推出的产品进行维护和升级。海尔还特意邀请了一批时尚而有个性的网友来到现场体验这款智能新品，全方位地获取用户的感受，在得到多数用户的肯定后，才将电视推向市场。结果引来赞誉无数，大家纷纷推荐，称其配置顶级，操作简单，不仅好看，而且好玩。

　　借助于在互联网平台的深层交互，海尔模卡电视成为真正实现用户诉求的产品，也极大地推动了海尔融入互联网+的脚步。

　　智能手机的出现，让用户在线的时间从以前的一天一两个小时迅速提升到了十余个小时，移动互联网、云计算、大数据和物联网的科技结构，又大大改变了以前几千年来商业生产中信息不对称的态势。互联网+的交互特性，又打破了传统的媒体垄断格局，消费者在成为信息生产和传播者的同时，生产者和消费者的权利就发生了质的改变。

　　所有这一切，互联网+都给我们带来一个共识，那就是相对于以前那种以大规模生产、大规模销售、大规模布局为特征的工业化思维而言，互联网将通过对整个商业生态圈的重新审视和重构，带领我们进入一个更加开放、平等的全新的信息化革命时代。在新的商业链条上，占主导的不再是企业，而是消费者，谁能注重消费者的体验，在消费者的诉求上合理动作，谁才能使企业创造更多的商业价值。

2014年年初，特斯拉ModelS85千瓦时车型在中国国内发售，它73.4万元的价格让很多人目瞪口呆，不是太高，而是太透明。因为特斯拉向用户公布了自己的定价公式：用81 070美元美国裸车价格加上3 600美元运输与装卸的费用，再加上19 000美元的关税和其他税，以及17 700美元的增值税，乘以美元对人民币的汇率6.05，正好等于73.4万元。这一公开的价格公式确实挑战了国内车定价的惯有思维。

特斯拉这种前所未有的定价透明，以及它对待全世界用户的一致和公平，很好地演绎了一个互联网思维对传统行业颠覆的实例。正如支付宝、余额宝对传统金融行业发起挑战一样，互联网模糊了产业的边界，正在打造着一个属于自己的特有的商业格局。

　　可以想象的是，随着O2O模式和现代物流业的极大发展，商业形态的无中介化和无中心化将成为趋势，传统行业将被迫与互联网接轨。而传统行业进入互联网＋，就一定会对其传统产业链重新进行审视，在产品定义、研发生产、营销、服务模式上都要发生大的转变，不然就会停滞不前。

　　互联网＋需要传统行业重新构筑自己的商业生态圈，在这个生态圈内每一部分都发挥着功用，同生共荣。这就需要建设一个价值平台，让生态圈中的各个成员都可以利用，也能通过关注一些新的市场把一些资源转移到新的生态圈里来。企业、互联网平台、消费者在这个圈子内随时进行着交流互动，又互相影响。如此一来，那些结构扁平化、轻资产又有高效率的企业，必将应运而生。

可见，在互联网+这里，每一个企业都必须重新构造自己的价值链，打破传统的价值链模式，以用户为中心，建立生态圈，将管理模式放得扁平些，才能顺应时代、赢取市场。

互联网+的本质是为用户创造价值

为什么需要进军互联网+，是营利，还是扩展、自保，其实都不是，它的源头是给用户创造价值。不能给用户创造价值，营利、扩展和自保都是一纸空谈。

为客户创造价值，简单点儿说，就是你有没有为客户着想。毕竟，互联网+改变了以前卖方垄断市场的格局，现在已经是消费者主导市场的时代。在互联网+时代，一个"个体"跟一个"企业"的价值，是由连接点的广度和密度决定的，你的连接越广、连接越密，你的价值就越大，你的信息含量决定的就是你的价值。

看看中国的几大互联网巨头。腾讯通过QQ这个平台，解决了客户在娱乐和沟通方面的需求；阿里的天猫和淘宝，通过为客户搭建平台，满足了客户在交易方面的需求。他们都满足了客户某些方面的需求，不同程度地为客户创造着价值。

以用户为中心的移动互联网

以运营为中心 → 以用户为中心

以前，梅特卡夫定律认为，足够的流量就能产生足够的用户流，从而为自己实现足够的收入流，但互联网时代，这一定律显然不再适用。在互联网+这里，客户价值论将更为科学，正如马云所说："阿里巴巴的价值不在于每天的浏览量有多少，而在于能否给客户带来价值。"基于这样的核心价值观，马云和他的团队才在中国的互联网领域创造了多个第一。

每一个好的身处互联网+的企业都必须明白这么一个问题：我能向什么样的用户提供价值？我能向客户提供什么样的价值？我需要怎样来向用户提供这些价值？我提供价值的关键因素有哪些？我的收入来源在哪里？

《浙江日报》报业集团旗下的新闻产品"浙江新闻（APP）"将读者通过其他平台，进行互转，让他们成为自己的用户。浙报传媒还并购了边锋游戏，从此拥有了大量的移动网用户。而以前，这些用户被认为是不会阅读新闻的。而实际上，通过研究数据发现，这些阅读者的质量反而更高。在浙江新闻之后，还推出了很多为读者服务的产品，比如"教我烧菜""我要挂号""模拟驾考"等，都让读者转化成用户变成了可能。

借助大数据的技术平台，浙报传媒就这样通过分析用户，推出精准服务，把新闻依附或整合到各种平台，甚至是游戏平台上，轻松实现了新闻从精神价值、资讯价值到变现价值的转变。

2014年4月，淘宝与报纸电商合作，在全国多家报刊上推出"码上淘"。读者用"手机淘宝"扫一下报纸上的二维码，就能完成从下单到支付的各个环节，然后坐等商品送上门来。这也是淘宝为创造用户价值进行的一种新的尝试。

　　在互联网+这里，传统企业固有的门店、渠道优势正在成为包袱，要想在新的领域获得商业利益，就要先考虑建立和创造用户价值。要明白先有用户价值，才有商业价值。

　　以前企业卖产品，可能就是把产品推销出去了，让用户购买了，就达到目的了。而现在则不同，用户是使用你的产品和服务的人，但是用户未必会向你付费。你把产品卖给或送给了用户，才表明你和用户刚刚开始打交道，如果服务跟不上，你的产品同样不会受到欢迎。

所以用户的体验很重要。这一点各行各业都可以学习一下沃尔玛、亚马逊这样的零售业。因为零售业本来利润就很低，必须依靠顾客的持续购买才能产生规模性的收入。即顾客在购买中产生了舒服的体验，才会在后续的过程中持续来这里购物。这一点，国内的海底捞做得就很深入，他们极致的服务不知道产生了多少回头客，同时也保证了自己商业价值的持续增长。

在互联网+这里，企业和用户都会平等地对话，用户购买了产品，并不意味着销售任务已经结束，而是刚刚开始。不要忽略那些小的体验，也许一个细节就能让你颠覆对手。比如，如果你的电子产品在送到用户手中时，就已经温馨地装好了电池，就比用户拿到产品后还要寻找说明书来自己装电池给用户带来更多的舒适感。

　　所以，真正能够在互联网+发展的企业，都必须给用户提供高品质甚至是免费的服务，才能把大多数人变成用户基础。有了用户基础以后，实现商业价值的最大化才会成为可能，才能构建自己的商业模式。不要一上来就想着赚钱，你需要等待，需要去为用户思考，需要将用户想要的东西体现在你的产品上。要知道，当所有企业都在为用户创造价值时，最后决定胜负的关键可能就是用户体验。甚至可以说，体验经济是互联网+的一个重要的发展方向。它强调的不是如何获取收入，而是如何获取用户。只有发自内心地去尊重你的顾客，才能让自己的口碑迅速扩大，获得别人的屡次关照，这是互联网+永恒不变的真理。

互联网＋的核心：新技术、新模式、新思维的结合

无论任何企业进军互联网＋，都可以随时随地地和用户、员工，和这个生态圈内的任何成员进行互动。永远在线和随时互动是大互联时代的核心法则。

现在市场上的智能终端越来越多，只要人们手里有一部智能设备，只要所在地区有无线网络或者Wi-Fi，就可以上网，就可以和别人进行交流，这是互联网带来的便利，也催生出了互联网＋的核心：新技术、新模式和新思维的结合。

互联网+告诉我们，未来的所有行业，都将是互联网企业。互联网正在成为我们生活中的"水"和"电"，也正在成为新的商业工作系统。今天衡量一个产业有没有潜力，很大程度上也是在看它离互联网还有多远。

互联网门户时代的典型特点是展示信息，是单向的。比如1997年到2002年这段时间的新浪、搜狐、网易等门户网站。之后是搜索与社交时代，其典型特点变为UGC（用户生产内容），开始实现人与人之间的双向互动，比如人人网、新浪微博等。进入大互联时代，典型特点变为多对多交互，不仅包括人与人的交互，还包括人机交互和多个智能终端交互，智能手机就是其中的代表。显而易见，随着互联网的发展，互动性也在逐渐增强。

以前，信息的发布者都是政府或组织，而现在，每个人都能成为信息发布的主体，每个人也都可能成为一个自媒体；以前，我们获取信息的渠道都是官方媒体，而现在社会化媒体则占据了主流；以前传递信息的方式都是电视和报纸，现在我们只要打开智能设备，即可不受限制地自由获取信息；以前信息传播要以天计，现在则以秒计。如此种种，信息不对称的现象已被逐渐打破，传统商家不再占据主导地位，消费者摇身一变成为市场的主流。

消费者对企业的C2B模式，开始取代传统的企业对消费者的B2C模式。这也宣告人类告别了工业时代以来的商业思维，进入了互联网革命带来的以用户为中心的思维模式。

2014年"双十一"，不少商家就已经尝到了C2B模式的甜头。在天猫的预售平台，消费者可先支付定金，再付尾款购得商品。预售商品包括稀缺品、集采商品和根据消费者个性定制的商品，这种模式极有助于商家精准锁定消费者，提前备货，更能有效管理上下供应链。其中有6个服饰定制款在天猫的预售平台展示订购，当时只是打好样衣，并没有货，在接到预售汇聚的消费者订单后才开始生产，这样有2个款式很快就卖出了2万多件。

"未来的世界，我们将不再由石油驱动，而是由数据驱动；生意将是C2B而非B2C，用户改变企业，而非企业向用户出售——因为我们将有大量的数据；制造商必须个性化，否则他们将非常困难。"马云在2015年3月16日召开的汉诺威IT博览会上如此一针见血地说道。

所以，互联网带给了我们一场全新的革命，在这场革命中，我们就必须抛弃旧有的工业思维方式，而代之以新的互联网思维，利用其快速地获取消费者需求，快速地指引决策，快速地推出产品，只有这样，才能在这场革命中立于不败之地。

读懂互联网思维中的九大思维模式

在互联网+，传统企业必须要持续不断地关注用户需求，聆听用户反馈并能够实时做出反应，这是企业在互联网时代建立商业模式的基础，同时也催生了一些全新的互联网思维模式。

互联网思维的特点就是要求我们在思考问题时需要围绕市场、客户、产品、数据及整个企业价值链，对整个生态系统有一个宏观的把握和整体的考察。目前在业界广为流传的有九大思维模式，读懂这九大思维模式及每个模式下涵盖的运营方法，你就可能成为玩转互联网+的行家。

第一式：用户思维——不要告诉客户你是谁，而是"客户想让我成为谁"

用户思维堪称是互联网思维的核心。在互联网+中，用户处于中心的地位，企业必须树立以用户为中心的思想，用户想要什么就给什么，用户什么时候想要，你就要什么时候给，甚至用户要得少，你还可以多给点，用户没有考虑到的，你也要为用户考虑到。

互联网的产生开创了开放、透明、共享的商业格局，不再是以前信息不对称的状态，你的产品好，消费者才乐意评价，才能形成良好的口碑。不然，信息的快速传播，很快就能使你不符合用户诉求的产品遭到淘汰。

用户群中，更要注意屌丝群的认同，因为这群人虽然没有多少资金，但却是信息的最有力传播者，而且他们是网民中的大多数，得到了他们的认同，才算是占据了消费者的主流。互联网经济就是一种"长尾经济"，其重点是长尾人群，以前是草根，现在是屌丝。

同时企业还要注意向屌丝出售参与感，一是让用户参与产品的研发和设计，即C2B，二是让用户参与产品的品牌传播，即粉丝经济。小米为何这么受欢迎，就在于它与用户多方交流，处处让用户参与。

第二式：简约思维——简单就是美，少就是多

在互联网+，如果你要做好产品设计，那你就要学会简化。因为在互联网时代，可供消费者选择的同类产品太多，而给他们选择的时间又太短，客户多数没有时间去耐心挑选，这就要求商家最好能在一秒钟内抓住他。所以，企业必须在产品规划、品牌定位、营销渠道等方面力求简化。

外观简洁、操作简单。比如苹果的外观、百度和谷歌的界面就是简单的，能用极致的简约满足纷繁的需求，这就是一种境界。

产品不要太多，要专注做好某一方面。只有越少，才越专业，越有品质，也才能赢得消费者。当年乔布斯做苹果，砍掉了70%的产品线，重点开发4款产品，这才让苹果起死回生。苹果从2007年推出第一款iPhone以来，至今也才6款。

第三式：极致思维——超越用户的预期，让用户尖叫

在这个互联网的时代，极致的产品才会赢得用户的更多青睐，因为好的产品是会说话的，好产品在互联网上获得的口碑一传十、十传百，给自己带来的就是无穷的利润。这就需要企业用极限思维打造极致的产品。不仅需求要抓得准，而且自己要逼得狠、管理也要盯得紧。比如大姨妈APP，强大的需求促成了这款应用的产生，而且其创始人柴可也在制作上大下功夫，其本人也被朋友调侃为"国内最懂'大姨妈'的人，人送外号'大姨夫'。"

除产品做到极致外，服务的极致也不可或缺，进入并了解用户的内心世界，超越用户需求打造的产品，也能赢得最佳的口碑。

第四式：迭代思维——聚焦于"微"和"快"

天下武功，唯快不破。传统企业推出一个产品差不多都有两三年的上市周期，而互联网企业则会采用迭代方式，在与用户不断地碰撞中把握用户需求，进而完善产品。两种方式孰优孰劣，明眼人一看便知。小米的MIUI，一直坚持每周迭代的过程，同时也牢牢地把握住了用户的需求，抓住了用户的心。另外，企业还要学会从细节入手，贴近用户心理，在用户的参与和反馈中不断改进，因为"可能你觉得一个很不起眼的点，但对用户来说却至关重要"，雕爷牛腩简单的一个送筷子的举动，就为它赢来了大批用户，就是例子。

第五式：流量思维——没有流量，再好的产品也是扯淡

在互联网的时代，流量就是金钱，再好的产品要推到消费者面前，都需要流量来支撑。而要运用好流量思维，就得先给消费者以免费的体验，只有免费才能获取超常规的流量。互联网产品往往都会先用免费来争取用户，继而再通过增值服务或有偿服务来确保盈利。QQ正是通过多年的免费体验，才依靠增值服务积累起了如今的商业帝国的。当然，在这之间商家还得把好一个临界点，在合适的临界点中果断开始从基础免费到增值收费、从短期免费到长期收费、从此处免费到他处收费的转变。

第六式：社会化思维——重塑企业和用户间的沟通关系

社会化商业时代的到来，让企业面对的员工和用户都是以"网"的形式存在的，这就要求企业必须关注社会化媒体这个营销主战场，通过关系链来进行口碑传播。

土曼科技的极客营销就是如此。土曼科技团队在微信圈发出10条微信，放言T-watch是迄今最薄的智能手表，引来近100个微信群讨论，3 000多人转发，11小时内预订售出18 698只土曼T-watch手表，订单金额达933.03万元，一场真正的"极客营销"完美运作完成。

身份互换：客户变粉丝，粉丝变客户

> 除了营销环节的社会化媒体营销，企业其实还有众包、众筹、社会化招聘等很多方式值得运作，让广大网民协作做事，就会形成一个大的事业群体。

第七式：大数据思维——大而全不关键，有用才关键

大数据现在已经成了企业的核心资产，良性的数据挖掘与分析就成了企业的关键竞争力。企业必须建立自己的平台，从海量的数据中找到最有用的东西，使之成为你最有价值的资产。

你的用户不是每一类人，而是每一个人。正如亚马逊公司总裁贝索斯所说："如果我的网站上有一百万个顾客，我就应该有一百万个商店。"在大数据时代，我们可以将每一个人都变成我们的目标客户，只要你找到了他们每一个人的痛点。

第八式：平台思维——构建多方共赢的平台生态圈

所谓平台思维，就是一种开放、共享、共赢的思维，平台模式也最可能成就产业巨头。全球100家最大的企业里，有60家的主要收入都来自平台商业模式，比如谷歌、苹果等。

首先是打造一个多主体共赢互利的生态圈。百度、阿里、腾讯三大巨头分别构建了搜索、商务、社交三个领域的生态体系，这也使得后来者很难与他们抗衡，比如360。

其次是要善用现有的平台。马云说："假设我是90后重新创业，前面有个阿里巴巴，后面有个腾讯，我就不会和他们挑战，心不能太大。"所以，当你不具备构建生态型平台实力的时候，就要思考怎样利用那些现成的平台，比如QQ、微信、阿里、京东、百度、安卓等。

然后是让企业成为员工的平台，变成自组织而不是他组织。他组织是永远听命于别人，自组织则是自己来创新。海尔将8万多人分成2 000个自主经营体，就是让员工们成为真正的"创造者"，让每个人成为自己的CEO。

第九式：跨界思维——挟用户以令诸侯，打破利益分配格局

"移动说，搞了这么多年，到头来才发现腾讯才是我们的竞争对手。"这样的例子还有很多，阿里进入理财业务，联想进军快递，环视身边，可以发现跨界的现象越来越多。为什么？答案很简单，那就是争取"用户"。

　　这些企业一方面掌握着用户数据，一方面又具备用户思维，当然就能挟用户以令诸侯。君不见瑞星杀毒收费，360杀毒却免费，结果把杀毒市场搅得天翻地覆。

　　未来十年，也是中国商业领域大规模打劫的时代。一旦用户的生活方式发生了根本性的改变，那些来不及变革的企业，必然在劫难逃。

第五章

>> 互联网+，
"+" 的是顺应时代的互联网理念

如果说，以前的互联网还只是一个外在工具，而互联网+却会将其作为一个核心引擎，推动着整个社会的创新。

互联网与传统行业的融合，不会是简单的叠加，而是要让人改变固有的理念，切换自己的思维，做一个识时务者、顺应时代者。

运营战略：精益求精，专注才能创造极致

让我们回顾一下传统的商业运营，可能很多人会认为这样一种模式才是对的，那就是产品必须要多，摊子需要铺大，以此来抓住广大的消费者群体。但其实，这是一种误解。因为如果事事求大求多，那往往会造成企业在制定运营战略中抓不住重点，管理层也很迷茫，不知道该重点宣传哪个，重点推广哪个。

在互联网大发展的今天，已经很少有企业能够面面俱到了。互联网+需要企业选对风向，从顾客焦点落到需求焦点，从满足一大群人的需求落到满足一小群人的部分需求上来。精益求精，专注和简单，才是互联网+最需要的一种运营战略。

"'专注和简单'是我的梵咒。简单比复杂更难：你必须更努力地工作来使你的思想干净、简单。这是值得的，因为一旦你做到了，你就可以移山了。"乔布斯在接受《商业周刊》采访时曾这样说道。

毕竟商家的资本、精力和能力都是有限的，要想以有限的资本、精力和能力投入到无限的产品生产线上，是无法生产出好产品的。苹果的成功，有很大一部分也是得益于它的专注。

1997年，苹果公司因为错误的定位，产品线众多，始终无法满足消费者的真正需求。乔布斯因此也被苹果重新召回公司，在回归后的会议上，乔布斯一针见血地指出："我们应该思考，我应该让我的朋友买哪些产品。"

对此，乔布斯砍掉了苹果70%不同型号和产品的生产线，专注于其中的四款产品。精简产品线后，苹果的产品重点很快凸显出来，乔布斯在公司会议上说："我们的工作就是做四个伟大的产品。"依托将全部精力投入的这四款产品，苹果终于打了一个漂亮的翻身仗，苹果也迅速占领了全球市场，积累起大量的果粉。

所以说，少就是多，专注才能创造极致。认准自己的战略方向和焦点以后，就要像钉子一样，死死地往里面使劲。要知道，罗马也不是一天就能建成的，非有骆驼一样的耐心，就不能找到沙漠中的绿洲。

信息化的发展催生出很多全新的经济效应，我们都要明白，现在是眼球经济的时代。消费者的注意力和时间都是有限的，他们没有时间，也没有精力去耐心地看你的所有产品和服务。如果你不能在第一时间拿出你的极致产品和旗舰服务，你就可能导致消费者的流失。

艺龙旅行网曾经也遭遇过产品线臃肿，找不到消费者真正需求的窘境。艺龙新CEO崔广福上任后，开始着力发展在线酒店预订业务，而且只做线上和手机上的酒店预订。崔广福和他的团队，在很长一段时间，所琢磨的都是如何让更多的客户到艺龙的网站自助下单预订，什么样的预订才会让消费者的体验更好，并一直在狠抓这一块。自此以后，艺龙的收入和盈利不断增加，其酒店间夜量（每间房销售一夜为一间夜）从只占携程的20%，上升到接近携程的70%的量，极大地缩小了与携程的差距。艺龙在酒店预订业务领域也获得了与携程叫板甚至超越携程的机会。

专注才有力量，专注才能做到极致。互联网+正在不断地给传统企业敲着警钟，以前的"大片模式"和"海产战术"已经没落，只有在实施产品运营战略时，学会在专注中精益求精，才能让你获得在互联网时代掘金的资格。

一只狗同时追赶几只兔子，必定一只也追不到。不要以为产品线少，就很"可怜"，但正是这种"可怜"的产品线，却能让企业集中自己的研发时间、精力和智慧，从而能最大限度地发挥自己的积极性、主动性和创造性，把产品做到精益求精，能在第一时间抓到消费者的眼球。

抓住精髓：为用户创造价值+移动互联网

做互联网+，谁能抓准用户，谁就能挟用户以令天下，这是一个颠扑不破的真理。

移动互联网时代，人们随时随地都可以上网，包括手机、平板、PC、TV等各种设备都在一刻不停地分摊用户的注意力，以前那种信息不对称的情况正在被改变。各行各业如果还将那种"用户就是上帝"的理念停留在口头上，而不在互联网领域去落实，那只会造成自己用户资源的丧失。

这就使得以前人们只是将产品卖出去的理念不再适用了，不要光是将"尊重上帝"停留在口头上，而是要真正去实践，首先是拿出让用户满意的产品，其次是要注意细节服务，再次是要和用户有良性的互动，深入了解用户的真正诉求，这样才能让消费者买你的账，主动成为你的粉丝，为你的产品积累更多的口碑和打开更广阔的市场。

滴滴打车现在已经深入人心，可是又有谁知道，滴滴打车的团队在开发这款应用的过程中，是一个一个地去向出租车司机介绍滴滴软件，教他们如何安装使用，教他们如何接单、如何维护和宣传的呢？

滴滴打车的深圳部门，为了和的哥们打成一片，甚至将他们的办公地点也选在了深圳上沙，因为这儿是深圳出租车司机居住最集中的片区。正是这种为用户创造价值的互联网思维，让滴滴打车在2014年3月，创造了全国日均订单量突破521.83万的业绩，其市场份额超过40%。用户的选择，已经很好地证明了滴滴打车的价值。

以用户为中心，并能合理运用到互联网中，用户就可以随时把以前不能实现的想法传递给互联网的智能终端体系；而智能终端体系在对用户的想法进行识别之后，就能快速实现这些想法，这种生活对于消费者和企业来说，都是乐于接受的。

以前，用巴掌大的手机屏幕来浏览网页，是让很多手机控都感到抓狂的事情。那些在PC上正常显示的网站，到了手持智能设备上就可能变得千奇百怪，多数无法浏览。为此，云适配率先进行了改变，让网站内容无论在多大的手机屏幕上都能正常显示，它的方法就是从为客户提供一行"万能"的代码开始。

现在，云适配已经服务了全球超过5 000种移动设备，适配近20亿个网页。2014年7月，云适配推出中国首个HTML5跨屏前端框架，这是一款基于HTML5开发的模块化、轻量级、移动优先的跨屏前端框架，正提供给前端开发者免费使用，其官网也在支持站长和开发者共同参与内测。

用户，抓准用户所思所想，就是互联网+最重要的理念。只有真正把握住了用户的需求，并把这种需求与自己的产品很好地结合起来，同时做到最极致的服务，才能真正玩转互联网，完成自己的产业流程再造。

现在比较流行的O2O思维中的C2B模式也是如此，它之所以能得到大多数用户的推崇，就在于它的"预付+定制"模式深入人心。在这里，企业可以预先将自己的产品放在网上预售，用户根据自己的需要来决定购买数量，企业再行生产。把选择权完全交给了用户，完美诠释了"用户就是上帝"的内涵，也因此，甫一推出，就大获成功。

为用户创造价值，把用户放在前端，积极和用户寻求互动，积极按用户的想法改进自己的产品，这是抓住住了互联网+的精髓，是一种无往不利的互联网营销利器。

生态再造：立足互联网，打造移动生态体系

1993年，美国战略学者詹姆斯·穆尔首先提出了商业生态系统的概念："商业生态系统是以组织和个人的相互作用为基础的经济联合体。"在这个生态系统中，企业自身只是企业生态中的一个成员，该生态系统内还有生产者、供应商、竞争者和其他利益相关者等。在这个生态系统内，企业需要考虑自身所处的位置，才能创造出"共同进化"的商业竞争模式。

但当社会来到互联网时代时，商业生态系统又有了更新的含义。2011年2月11日，诺基亚宣布与微软进行战略合作，对于合作的理由，诺基亚新任CEO史蒂芬·艾洛普在一篇关于"燃烧的蘑菇"的内部邮件中称："我们的竞争对手并不是靠终端抢走了我们的市场份额，他们靠的是一整套移动生态系统。"

移动生态系统代表的就是一个时代的改变，表明单纯的平台竞争时代已经结束，移动生态系统的时代已经到来。

一个移动生态系统的良性运转，靠的绝不仅仅是终端上的硬件和软件，还需要开发者、应用、电子商务、广告、搜索、社交服务（SNS）、地理位置服务（LBS）、统一通信等一系列扩展体验。

阿里巴巴成功的关键之一，就在于它依托电子商务平台的强大力量，连接起了中小企业、自主创业者和消费者。淘宝网也几乎成为我国电子商务的代名词，对此，马云的理解是："淘宝不只是一个交易网站，而是一个电子商务生

态圈的符号，无论线上线下，无论PC互联网还是移动互联网平台，只要人们想到购物和交易，淘宝将无处不在。"

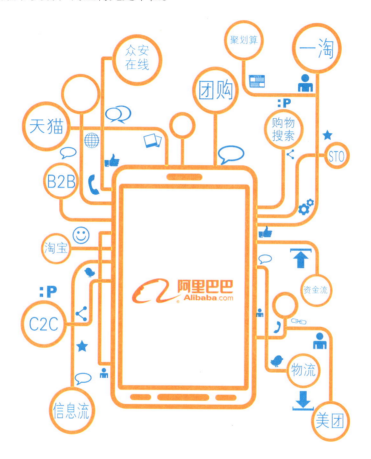

淘宝网的商业生态系统对外界是开放的，通过合作接纳和更新系统成员，不断扩大着自己的合作边界。但它的最终目的却是建立一个闭环平台，可以让淘宝随意地穿梭于O2O商业模式的任一环节。于是，我们看到阿里先后收购了墨迹天气、虾米音乐，出手文化中国、佰程旅行，并入银泰百货、优酷等。

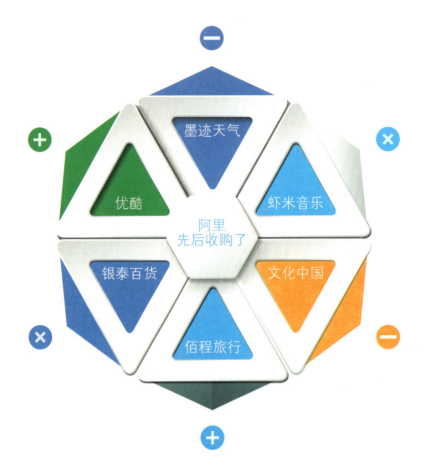

墨迹天气

优酷

虾米音乐

阿里
先后收购了

银泰百货

文化中国

佰程旅行

　　移动生态系统是一个既智能又能使多方产生共赢的系统。在这个系统中的各项系统都处于一种相互平衡的状态，并且能够与时俱进。这就需要企业建设一个良好的平台，这才是企业逐鹿O2O领域的重要武器。如今，已经有越来越多的企业开始了自己的平台建设。

　　腾讯在2011年之前的做法是通过"微创新"行业内的优秀产品，再通过巨额流量优势超过原创者，但这种做法遭到了不少非议和对抗。于是，腾讯改变做法，开始寻求平台化和生态化的战略转型。

从2012年开始，腾讯就表示不会区分终端，力争在产品线上打通终端，将一切搬上网，它的微信就是将线上线下联系起来的工具。它要做的，就是把握最核心的资产，如QQ+微信、微信支付、安全服务、游戏、新闻、地图等，提供基础设施与服务，剥离非优势资产，加大开放力度，投资专业企业。于是有了腾讯以4.48亿美元战略性投资搜狗、以4亿美元收购大众点评20%股份、形成用户（直达行动，微信+手机QQ）——信息——支付闭环、入股京东15%股份，并将QQ网购及易讯网等少数股权注入京东等大动作。腾讯的目的，无外乎就是在O2O的布局下，形成一个完整的线上线下消费链条。

不只是阿里和腾讯，百度也是动作频频。而伴随着中国互联网这三大巨头的频繁动作，一个个移动互联网领域的平台生态圈也在逐渐成形。

企业当然可以很好地利用这些平台，建立一个合作共赢的"生物链"，以期从线上到线下，从体验到消费，筑成一个完美的O2O商业闭环。

不要想一下子就把平台做成熟，进入互联网+的企业，都可以学习成功者的经验，先从搭建一个平台开始，再向纵深发展，一步一个脚印地走起来，要知道，这是一个漫长而艰巨的过程。只有慢慢地搞好平台建设，才能真正打造一个成功的移动生态体系。

跨界求存：移动互联网是个无边界的行业

在互联网时代，产业界限已经变得模糊，以前"道不同不相为谋"的时代已经一去不复返，现在的互联网+讲究的已是专门的"道不同也可与谋"。

环顾周遭，我们可以很轻松地发现，有很多企业都做起了跨界的生意，做电脑的做起了快递，玩出版的在进军地产，做社交的开始威胁电信，做电商的搞起了金融……

为什么要跨界？因为当市场衰退、竞争加剧，或者是有"鲶鱼"进入时，企业就需要一个新的增长点，甚至放弃核心业务谋求转型。而互联网这个本身就无边界的行业，又让跨界变得比以往任何时候都更加容易。

百度本来是做网络搜索的，360本来是做网络安全平台的，但是它们的手却越伸越长，360跨界做起随身Wi-Fi后，百度也不甘示弱，推出小度Wi-Fi。2014年，二者又进入了智能路由器领域，百度发布自主研发的"小度无线路由器"，小度Wi-Fi、小度路由器和小度TV共组百度的小度三剑客。360则推出定制版的360安全无线路由器，且设置非常简便，吸引了众多眼球。

小米也是跨界的高手，除了积极研发智能手机以外，小米还切入低端市场，推出小米盒子、小米电视等。雷军个人还通过投资在移动互联网上进行了多重布局，从入口型产品UC浏览器，到支付工具拉卡拉，再到电商网站凡客诚品，并投资语音社交游戏上市公司，谁也不能否认，雷军是一个擅玩跨界的高手。

互联网时代模糊的边界促进了跨界，在这样一个大的背景下，各大企业都在躁动不安，动着跨界的念头。当今企业间的竞争，已不只是产品的竞争，而是商业理念和思维的竞争。要做好自己的互联网+，就得善用跨界思维，用互联网思维大胆颠覆，跨界创新。

2015年1月26日，巢东股份向业界披露，其拟以16.82亿元现金收购新力投资等46名交易对象持有的小额贷款、融资租赁、担保、典当、P2P等五家类金融业务公司的股权，正式进军类金融领域，实现了其主营业务的转变。此外，还有洪涛股份并购在线教育机构跨考教育70%的股权、科达股份并购百孚思等五家公司100%的股权，分别开始涉足"互联网+教育""互联网+营销"模式……

移动互联网正在颠覆世界，用跨界的思维突破传统的惯性思维，超越传统的商业理念和模式，才会让自己拥有弯道超车的机会。

跨界可分为垂直整合和水平扩展两种模式。垂直整合，就是指整合产业价值链的上下游，后向整合或者是前向整合，这种模式很难，但一旦成功就很难被破解。比如阿里的主业是电商，处于中游，它的上游有商品生产者、支付通道、卖家，下游有物流等，它向金融业和物流进军就是一种垂直整合。

水平扩展就是相似业务的收购与并购，接着是类似可替代业务的开展。例如360已经从电脑管理、流氓软件和病毒查杀扩展到浏览器、网址导航、搜索引擎、云盘等产品，甚至是网页游戏等内容。

当然，跨界也并非巨头们的游戏，普通公司也照样可以玩。UC从浏览器到游戏，YY从通讯到音乐……都是如此。

互联网打破了各行各业之间的隔阂，每一个有雄心的企业都在盯着这个市场中可能出现的机会，一旦找准时机就应该毫不犹豫地出手，只要是自己看好的，不论行业还是领域，都可以放手一搏。把握好跨界的标杆，才有可能在互联网+走出一条属于自己的金光大道。

　　移动互联网时代，为什么互联网企业能够异军突起、欣欣向荣，而横行市场多年的传统企业却是哀鸿遍野、溃不成军？这其中的玄机是什么？原因很简单，时代变了，传统的思维方式已经与这个时代格格不入，互联网企业运用的互联网+的全新思维，很好地契合了当下时代的脉搏，赢得了市场的认可。传统企业要想活下去，就必须断臂求生，学习互联网企业，积极运用颠覆传统的互联网模式。唯有如此，才能绝处逢生，重新焕发生机。

以移动互联网为起点重建商业模式

　　早在2013年6月的全球ICT论坛上，华为轮值CEO兼副董事长胡厚崑在主题为"数字社会的下一波浪潮"的演讲中明确提出，未来20年将会迎来数字化社会的下一波浪潮，数据化、智慧化是其最主要的特征。他在发言中极力倡导企业大胆转变传统思维模式，以互联网、移动互联网为起点重构商业思维，在业务方面进行转型和革新。

"互联网不仅仅是可以用来提高效率的工具，还可以是用来构建未来生产方式和生活方式的基础设施，更重要的是，互联网化应该成为我们一切商业思维的起点。用这种新的商业思维审视所有传统产业，可以发现许多新的机会。"

上面这段胡厚崑的讲话，向我们清晰地呈现了一个理论：互联网正在成为现代社会真正的基础设施之一，就像电力和道路一样，尤其是在移动互联网强势崛起、渐成主流的时代。所以，企业只有将战略思维与移动互联网紧密结合起来，才是唯一的出路。

2015年3月23日，腾讯公司与河南省政府正式签署战略合作框架协议，协议显示，双方基于"互联网+"概念达成战略合作，未来将共同探索和推进"互联网+"在各个城市领域的应用。

协议的具体内容是，双方以腾讯的数据基础、成熟的云计算能力，以及微信、QQ等社交平台产品为基础，充分整合各方的优势资源，以互联网+解决方案为具体结合点，进行全方位的合作。

在这次合作中，腾讯和河南省政府将把郑州作为样板城市进行探索，业务主要集中在"互联网+城市""互联网+民生""互联网+产业"等领域。等时机成熟后，将逐步向洛阳、开封、济源、鹤壁、焦作等城市乃至省级平台扩展。

协议中有很多具体而明确的规划，比如河南省各政府机构开设的涉及交通出行、医疗、社保、交警、户政、出入境、旅游等领域的政务微信公众账号，都会统一整合进微信"城市服务"入口。

不可否认，这一战略协议的签订，意味着河南省的竞争力将会大大提高，因为有了互联网+的助推，郑州在各方面都会实现飞跃性的发展。

其实，早在2014年12月，中国的"南大门"广州就已经和腾讯签订了同样的战略合作协议，并接入微信"城市服务"。如今，深圳、武汉、佛山等众多有影响力的城市都已经接入了微信"城市服务"，共有700万人次享受了这方面的服务。

当下社会的发展趋势主要表现在四个方面：

1.商业思维必须互联网化。

2.移动成为基本生存方式，企业之间的壁垒消失，无边界企业成为一种全新的企业组织形态。

3.利用互联网、大数据、云计算组成一种可以连接的、分享的智慧。

4.细分市场和本地市场将变得越来越小，因为跨界经营的企业越来越多，所以企业必须向全球化发展。

也就是说，在移动互联网时代，用户、消费者都会向互联网领域聚集。传统企业遇到的最大挑战就是用户的流失以及互联网企业带来的颠覆。传统企业的市场生态已经与当今社会的发展趋势格格不入，传统企业不改变思维和观念，等待自己的只有死路一条。

体验模式：用完美的用户体验为营销开局

　　在这个高速发展的移动互联网时代，企业发展的方向越来越细，且竞争越来越激烈，这就为消费者提供了更多的选择，而随着选择的增多，消费者的地位也越来越高。所以他们在选择产品的时候，对产品的要求也越来越苛刻。在他们心目中，最好的产品不是知名企业的产品，而是能给自己最佳体验感的产品。

所以，不管企业是知名企业，还是普通企业，只要能给消费者提供完美体验，消费者就会选择该企业的产品。

在这个时代，企业之间已经没有了高低贵贱之分，任何企业都需要靠用户体验来说话，这也给了众多小企业强大自我的机会。小米，无疑是这类企业中最杰出的代表。

早在2011年的互联网大会上，雷军就说过："竞争的目的并非你死我活，而是给用户更好的体验。我们首先要做的是用心做产品，把心思放在产品和用户那里，用户才会支持和拥戴你。"雷军是这样说的，也是这样做的。我们可以从他打造小米手机这个品牌的过程，看到很多以用户体验为中心的事例。

小米3的手机包装盒在设计的过程中经过了很多次改进，设计者们不厌其烦，连最微小的细节也都注意到了，为的就是把这个包装的质量做到完美，增强用户的体验感。他们深信，设计的每一个细微的变化，都能给用户体验带来翻天覆地的改变。

为了让包装盒的边缘棱角分明，小米特地定制了国外的高档纯木浆牛皮纸，这样在加工的时候就会有更好的效果。选择好了原材料，工程师还要对它进行更为细致的加工。如果将包装盒的表层揭开，就能看到纸张背面的折角处用机器十分精细地打磨出了12条细槽线，这样做的目的是使折角成为完美的90°。说起来简单，但做起来可不容易，因为一张牛皮纸只有零点几毫米厚。由此可见，小米的工作人员多么用心。

不仅是棱角，为了使这个包装更加坚固，在使用时也方便，工程师们一遍又一遍做实验。设计团队花了6个月的漫长时间，前后修改过30多种结构，光是做出的样品就有1万多个，最终才确定了下来。

一般厂家做包装盒的成本只有2~3元人民币，但小米的包装盒成本却接近10元人民币。为了追求质量，就算成本再高，小米也在所不惜。

　　小米联合创始人刘德在一次会议上介绍过小米在提升用户体验感时经常运用到三个标准：对于某个设计，若有存在的价值则"加正值"，可有可无则"不加不减"，可能产生负面影响则"加负值"。

　　也就是说，在对一件产品进行深入分析之后，"负值"的设计会被毫不留情地砍掉，"不加不减"的设计也会被迅速抹去，最终，只保留那些真正有价值的、有存在必要的设计，以求把每件产品都打磨到最佳的状态。

　　参照着这样标准，小米每一代产品，都还原了产品最终的本源，给用户提供最佳的体验感。正是凭着对这一理想的不懈追求，小米只用了两年的时间就创造出了国内的"苹果效应"。

　　在移动互联网时代，企业必须像小米一样，用互联网思维开展产品设计和企业营销，只有有了互联网思维做指导，企业在开展产品设计和企业营销时，才能最大限度地提升用户体验感，让用户对企业的产品和营销方式欲罢不能。也唯有如此，才能提升用户对企业的忠诚度，为企业营销扫除障碍。

服务模式：服务即营销，用优质服务拉拢用户

　　如果把营销比作一台电脑的话，产品就是硬件，服务就是软件。电脑性能的优劣，主要是由硬件和软件两方面决定的。仅仅硬件过关，软件不过关的话，同样会影响到用户的体验感，让用户觉得这台电脑不好用，甚至觉得这是一台质量低劣的电脑。

　　同理，假如企业提供的产品很完美，但服务质量没有保障，这同样会影响企业的营销成果。因为服务质量的低劣，会影响到用户对产品的评价。所以，要把服务作为营销的一部分，企业必须学会用优质的服务拉拢用户。

　　在我国企业中，最初以口碑营销出名的要属海底捞火锅店。海底捞作为我国餐饮业的巨头，它将服务作为产品的一部分，通过为顾客提供完美到近乎"变态"的服务，成功复活了顾客的心。顾客不仅成为海底捞的回头客，还心甘情愿地为海底捞做宣传。

如今，众多企业都开始学习海底捞这种服务理念，并取得了巨大成功。已经成为中国手机行业巨头的小米自不必说，其他强势崛起的新企业也不胜枚举。

阿福精油是淘宝精油品类的知名品牌，已经连续两年在淘宝举办的"双十一"购物节上摘得化妆品类的桂冠。尤其是在2014年的"双十一"，销售业绩高达6 715.6万元，在业界内掀起轩然大波。

阿芙精油为什么能够打败欧莱雅、百雀羚这些知名品牌，连续四年稳坐全网精油销量第一的宝座？除了依靠完美的产品优势外，服务也是其取得成功的重要支柱。阿芙精油通过为用户提供极致的服务，诠释了"服务即营销"这一互联网思维的真正含义。

阿芙精油的客户服务是24小时在线的，客服人员分为"重口味""小清新""疯癫组""淑女组"等几种风格，客户可以任意选择自己喜欢的服务小组。

在阿芙精油送来的包裹中，不仅有消费者购买的商品，还有很多赠品，甚至是小型试用装。如果客户试用后觉得不好，可以退货。

同时，为了增强用户黏性，阿芙精油还适时推出了包邮服务，用户花9.9元在阿芙精油网店里购买一张全年包邮卡（送双头棉签90只/盒），就可以享受为期一年的免邮费服务；花59.9元在阿芙精油网店里购买一张至尊包邮卡（送浴帽+干湿两用粉扑，本卡还是一个4G的U盘，内置阿芙桌面壁纸一套），就可以享受终身免邮费的待遇。这一系列服务，极大地提升了用户体验。

阿芙NO.01

美即NO.02

百雀羚NO.03

自然堂NO.04

欧莱雅NO.05

一战定未来
类目排名
美妆

要知道，移动互联网时代，是个口碑营销时代，只有通过优质的服务建立起良好的口碑，才能从根本上扩大营销成果。所以，企业一定要将优质服务作为提升企业营销成果的必要手段，只有这样，才能在激烈的竞争中战胜对手，笑到最后。

当然，优质服务不是随随便便就可以做到的，它需要企业对自身进行准确定位，找到最适合自身的服务模式，这样才能真正提升用户体验。如果盲目地提供用户并不需要的服务，那么不仅难以提升用户体验和用户忠诚度，还会导致用户心生厌烦，对企业敬而远之。

产品模式：让产品在持续迭代中趋近完美

在移动互联网时代，人人都是自媒体，一旦认定某个企业的品牌和产品，他们不仅会多次光顾企业的生意，还会通过微信、微博、facebook、twitter等各种社交媒体分享他们的感动、体验和情感。这就是口碑营销在移动互联网时代的威力。

所以，企业基本上没有犯错的机会，一旦出现错误，在口碑营销中就会被无限放大。这不是最可怕的，最可怕的是企业不懂得弥补错误，不知道通过快速迭代的方式来消除不良影响。雷军很早以前就说过，企业在推出产品的过程中可以犯错，但必须迅速迭代，只有通过迅速迭代的方式来掩盖过往的错误，才能为自己赢得主动权。

真正的好产品是在持续不断的迭代过程中生产出来的，没有最好的产品，只有更好的产品。尤其是在移动互联网时代，用户自主选择权利的扩大，信息技术的高速发展，市场竞争的日趋激烈，都注定了市场淘汰速度和产品迭代速度的双重加速。

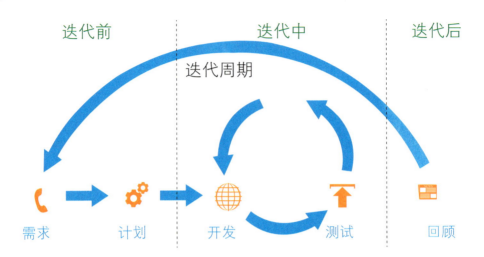

迭代前　　　　　迭代中　　　　　迭代后

迭代周期

需求　　　计划　　　开发　　　测试　　　回顾

在双重加速的情势下，产品不出几个月就会过时。而过时的产品，是没有一点竞争力的，更难以吸引消费者的注意力。所以，要想在市场中保持不败，就必须不断地对产品进行迭代、升级，使其不断地趋近于完美。

在我国的互联网企业中，把迭代思维运用到极致的非腾讯旗下的微信莫属了。2011年1月21日，腾讯发布了微信1.0版本，这时候微信只有一些基本的功能，比如即时通讯、更换头像、分享照片等简单功能。其趣味性和实用性还不如QQ。

在随后的1.1、1.2、1.3三个测试版中，微信研发团队又逐渐增加了对手机通讯录的读取、与腾讯微博私信的互通以及多人会话功能的支持。每一次版本迭代，都会吸引一定数量的注册用户。

到了2011年5月10日，微信2.0版本正式上线，这个新版本增加了语音对讲功能，功能提升的背后，是注册用户数量的显著上升。随后，微信一直保持着每两三个月迭代一次的频率，有时候甚至是一个月迭代一次或多次。

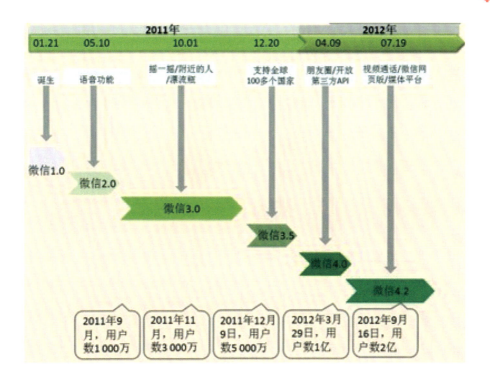

　　微信的一次迭代，在功能上都会有明显的改进，如今，经过多次迭代，微信6.1版本的功能已经强大到几近无以复加的地步，公众号、朋友圈、扫码、支付、微视频、语音对讲、视频通话、摇一摇、附近的人、漂流瓶、购物、游戏、表情商店等各种功能应有尽有。

　　微信功能的不断完善，让微信用户人数不断猛增，截至2014年末，月活跃用户达到了空前的5亿人，注册用户已经超过10亿。这一巨大的用户资源，为腾讯带来了非常可观的收入。

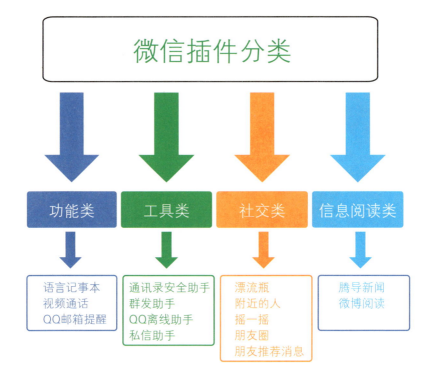

微信今天能成为国民级的APP软件，与其快速迭代的产品模式密不可分。如果当初微信迭代的速度很慢，或者几乎不迭代，那么它就不可能取得今天这种令世界震惊的成绩，早已被用户遗忘是其必然的命运。

在快速迭代已经成为主流的战略规划的当下，仍有不少企业因为技术或者心理条件的不成熟，犯下面类似的错误：

对产品追求尽善尽美，总是想要等到产品彻底完美之后，才推向市场；

精心布局，铺大摊子，总是追求在全方位做足准备之后才去展开行动；

害怕失败，不敢有所创新，更不敢轻易对产品更新换代。

　　企业一旦有了这种心理，就会对迭代抱有排斥情绪，这无疑会让企业陷入万劫不复之渊。其实，只要起点正确、方向正确，就可以积极地运用迭代思维去更新产品。如果企业害怕迭代失误后会导致企业走向死亡，那么不妨换一种思维想一想：迭代是死，不迭代也是死，为何不试着迭代呢？一旦迭代成功，就意味着企业获得了新的生机。

　　迭代思维的核心是在最短的时间内将产品推出，快是迭代思维的核心，产品在迭代过程中，只要记住快字诀，就可以遮盖住很多错误，并为自己赢得弥补和改进的机会。所以，只要方向正确，企业就应该积极运用快速迭代这种产品模式，一步步打造出趋近完美、超出用户预期的产品。

第四部分

如何运用互联网+帮助传统企业变革

移动互联网时代，传统企业危机重重。因为传统企业以往依靠的战略思维、管理理念都已经与移动互联网时代的形势格格不入。时代永远左右着社会的发展走向，顺势者昌，逆势者亡。传统企业只有改变思维，利用互联网+的思维，积极变革，才能从根本上扭转企业颓势，转危为安。

时代的风向标已经彻底转变，传统商业时代已经一去不复返，昔日千娇百媚的时代宠儿，如今已经沦落成明日黄花。互联网+风口时代的开启，意味着时代的风向标已经转向互联网阵地。身为社会中流砥柱的企业家、领导者，唯有积极向互联网思维转型，才能保证企业战胜种种危机，基业长青。

企业家要敢于自我颠覆

随着移动互联网时代的到来，市场格局、消费体系、用户心理等，都发生了翻天覆地的变化。在这个大规模变革的时代，受到冲击最严重的当属传统企业。只要我们留心观察周围的企业，就会发现那些一直死守传统模式、故步自封的企业，如今都已经患上了"互联网焦虑症"。它们一方面害怕被互联网颠覆，另一方面却不想接受互联网。

这样做的结果就是，要么已经被用互联网思维武装的竞争对手冲击得溃不成军，要么就是直接被消费者遗忘。但不管哪种结果，最终的结局都是死路一条。

所以说，移动互联网时代，要想避免被淘汰的命运，企业家要做的事情，就是自我颠覆，重建体系。如果做不到这一点，势必会被变革的滚滚洪流淹没。

自我颠覆
是重生之道

行天下国旅以前是一家传统的B2B（企业对企业）企业，在旅游行业已深耕十年，产品线也非常丰富，在境外拥有众多旅游资源，比如美洲、非洲、欧洲、大洋洲和中东等。它不仅为许多旅行社提供门市系统服务，还是携程、途牛等互联网旅游公司的供应商。

随着互联网浪潮的滚滚而来，行天下国旅的总经理刘海龙也开始改变企业的战略体系。通过对自我观念的颠覆，他不断地在互联网领域进行探索，试图寻找出一条适合企业发展的新模式。

经过几年的探索，他成功地将企业从B2B模式改造成B2B模式与C2B（用户对企业）模式共存的双模式，并创建了国内第一款旅游APP应用——不跟团App，为的就是获取进军移动互联网蓝海的船票。

他的理念非常清晰，正如他说的："PC互联网时代做的是流量生意，移动时代做的才是产品生意，好产品一定不缺流量。"不跟团App公测8个月以来，没有做任何推广，就轻轻松松取得了800多万元的销售业绩。

行天下国旅总经理刘海龙并非知名企业家，但他身上所展现的这种自我颠覆的企业家精神，确实非常值得所有企业家学习。我们可以断定，未来，行天下国旅在刘海龙的带领下一定会创造更多的辉煌。

因为刘海龙在不断地学习互联网思维，勇于颠覆落后的自我。"'不跟团'需要在适当的时机融资。因为既然选择互联网化，就要转变基因，既要股权分配，也要被资本市场认可。"这句话就是最好的证明。

不跟团应用简介:

国内首款定制旅行服务APP;

中国区域领先的旅游类手机APP;

通过专业技术化的一站式服务,真正打造专属于朋友、家人和你的旅行;

此软件只服务懂得旅行价值、懂得享受旅行高品质生活的人;

你的旅行,真正由你来做主。

这里不仅有每月推出的爆款产品,不只价格让你尖叫,更有高品质的服务标准让你惊叹。

更有只属于您的定制旅行,通过我们专业技术化的一站式服务,来满足您的旅行个性化需求。

以前您在旅行中,想都不敢想的个性化服务,在这里将一一实现。

追本溯源，移动互联网颠覆一切并非是指新技术具有的终结性，而是指那些墨守成规、踌躇不前的企业终将被市场淘汰，而那些敢于自我革新、自我颠覆的企业能在市场中脱颖而出、历久弥新。

所以，企业家作为企业的领头羊、最高决策者，必须紧跟时代，积极投入到移动互联网大潮中，敢于不断地自我颠覆、自我改革，并在颠覆的过程中改变自己的价值体系、文化观念、创新的理念以及行为模式，以便运用新技术实现企业的升级蜕变。也唯有如此，才能让企业完成创新和重生。

企业家要用全新的思维重新考量一切

任何新时代的开启，机遇和挑战都是并存的。所以，对于任何企业家来说，移动互联网时代的到来，都意味着无限的机遇，也意味着无限的险阻。至于自己所遇到的是机遇还是险阻，就看企业家是如何思考了。

如今，已经由无数的事实证明，那些依然运用传统思维的企业，正处于一种风雨飘摇的状态中，随时都有可能被市场淘汰。

2013年到2014年，短短一年时间，零售行业出现了一波又一波的关店歇业潮，安踏、李宁、361度、特步、匹克、中国动向等等运动品牌专营店，关店数量已经超过3 000家。

在零售行业发展得如火如荼之际，线下零售店却面临前所未有的挑战。拿服装行业来说，线下实体店更多的是充当了线上网店的体验店以及试衣间。一家服装连锁店经销商就曾这样说："我的实体店要么没人来，要么来一堆人，却经常光试不买，后来我才知道，他们不是不买，而是不买我的，很多人一出门就在网上下了单。互联网给我们这些传统渠道经销商带来的威胁，真是让我们脊背发寒。"

　　而与此同时，那些利用互联网进军电商的企业，却是赚得盆满钵满。2013年天猫"双十一"支付宝总成交额达到了350.19亿元，2014年天猫"双十一"支付宝总成交额又达到了空前的571亿元。诸如小米、华为、韩都衣舍、优衣库等企业的业绩都在一小时内轻松破亿。

3分钟	10亿		12时58分	350亿
5分钟	20亿		14时41分	385亿
14分钟	50亿		15时00分	390亿
38分钟	100亿		15时28分	400亿
60分钟	122亿		17时00分	426亿
1时44分	150亿		17时11分	430亿
7时17分	200亿		19时25分	463亿
10时51分	300亿		20时20分	480亿
11时11分	308亿		21时12分	500亿
11时48分	323亿		23时30分	557亿
12时00分	327亿		24小时	571亿

2014年"双十一"总支付宝成交额变动图

移动互联网颠覆一切，这已经变成企业管理者战略规划的重大危机。面对移动互联网的来势汹汹，企业家绝不能坐以待毙，只有积极学习互联网思维，将互联网+运用到企业的战略规划中，才能扭转颓势，重获新生。

365谷大米如今是互联网上非常知名的一个品牌，其品牌创始人龙茂森就是一个善于用全新的思维考量一切的企业家。当移动互联网蓬勃发展起来后，他便开始转变思维，试图用全新的互联网+思维来经营企业，并成功运用了互联网+农业这一全新的组合模式。

在采用电商卖大米这一模式时，他一直在不断地探索全新的卖点。如今，他已经完成了从对接农户到建立仓储物流点、做自有品牌垂直电商的转变。在经营的过程中，他经常运用互联网思维考量问题。

比如说，他从收集的用户反映中得出了这样的结论：用户最关心的事情是送到家的大米是不是新鲜的。

龙茂森在深入思考后发现，"渠道电商化"这种模式并不能给用户带来完美的体验，因为渠道电商化的产品周转期比较长，为了保证米在经历了层层渠道间的流转不会过期，生产商需要在加工大米时加入防腐剂，如此一来就使大米丧失了味甜、新鲜的口感。

只有运用"产品电商化"模式，才能让用户吃到最新鲜的大米，给用户带来完美的体验。产品电商化，是指根据电商或者互联网的逻辑去改变产品供应方式，按用户的需求，先下单后生产（按需生产），生产完成后，在最短的时间内将产品送到用户手中。

如此一来，365谷大米就可以在72小时内完成从稻谷到餐桌的全过程。这种"现磨"的大米无疑极大地提升了用户体验，让365谷大米的用户真实感受到大米在质量、口感上的纯正。好的产品自然会引发口碑效应，365谷大米在运用新的运营模式后，订单在短时间内就实现了暴增。

　　在新的时代，一切过时的理念、思维都需要摒弃。如果一直因循守旧，不懂得用发展的眼光看待问题，不懂得用全新的思维重新考量一切，那么就会错失很多机遇。

创新工场董事长兼首席执行官李开复曾经说过："互联网今天的空间有多大，未来移动互联网会有十倍以上的空间。"此话一点都不夸张。全世界总人口有68亿左右，手机用户超过了50亿。中国的手机上网用户超过了8亿。如果说桌面互联网是一座金矿的话，那移动互联网就是一座钻石矿。

所以，在这个蕴含着亿万财富的新时代，没有什么绝对的事情，一切皆有可能。企业家一定要善于学习新思维、运用新思维，如此，便可以在竞争激烈的市场中迅速变革，快速起跑，占尽先机。

每个人都需要用互联网思维思考与工作

纵观当下的中国，发展速度可谓日新月异，种种新生事物如雨后春笋般层出不穷，尤其是移动互联网的影响范围，可谓一夜之间就覆盖了我们生活的方方面面。现如今，无论是餐饮、打车、电影、机票，还是百货、地产、电子电器、娱乐等各种行业，都已经被打上了鲜明的互联网印记。

越来越多的企业开始踊跃追随移动互联网的步伐，积极重构全新的战略布局，聚精会神地学习新的改革经验，力图坐上互联网+的风口，在硝烟四起的时代一战成名。但是，互联网+的风口并非是大企业的专属，任何身处这个时代的人都有机会身临其境，只要你善于用互联网思维思考与工作，就完全可以享受这个时代带给世界的红利。

李雄刚是一家高档家具生产公司的总经理，2014年6月的时候，他出国考察时发现了一套非常先进的生产设备，当时询问了一下设备，对方开价是700万人民币，如果能在7天内下单，可以打九折。

为了尽快拿下这套设备，李雄刚还没有等考察结束就提前回国了。由于700万元不是个小数目，李雄刚公司账上最多只能拿出200万元，在向其他朋友借钱无果的情况下，李雄刚打算通过存货质押融资，正好他手上有三批价值1 200万的家具产品还没有发给预订的客户，更巧合的是交货日期在9月底，这就给李雄刚腾出了挪用的空隙。

但令李雄刚失望的是，他一连跑了几家银行，都没有获得满意的答复，还白白浪费了一天的时间。眼看着交易日期临近，李雄刚心急如焚。突然，他想起如今风头正劲的互联网金融，心想，或许运用互联网金融这一新模式可以帮自己解决难关。

不出所料，他经过一番查询和搜索，找到了融360——中国领先的创新型互联网金融服务公司。最终，融360为李雄刚推荐了一款商务贷款，并通过引荐，帮助其和工商银行以及一家担保机构签订了存货质押融资合同，成功得到了600万元的贷款。

李雄刚在经过一番操作后，就搜到了几款比较符合自身情况的企业商务贷款，然后他经过一番比较，选择了两个自己比较满意的商务贷款，并通过电话洽谈，不到四天的时间，李雄刚就拿到了贷款。

拿到贷款后，李雄引进了新设备。由于7天内付款可以享受9折优惠，所以只支付了630万元。加上公司账面上的200万流动资金，李雄刚总共还有170万流动资金，于是他又用一部分钱购买了新的原材料，并通过新设备生产出了一部分更加高档时尚的家具，这些新家具一上市就被抢购一空，李雄刚手上又有了更多的流动资金。

事后李雄刚感慨地说："真没想到互联网金融给我们这些企业家带来如此大的实惠。要是没有融360这样的金融搜索平台，我肯定会错过这次商机。"李雄刚的话不无道理。在互联网金融时代，企业融资渠道要比以往畅通、高效了许多。

我们再举一个非常简单的例子。自从微信问世后，微信营销便应运而生，很多普通人都开始纷纷借助微信来做小生意。比如在微信上接受客户订购，利用微信发展客户等，这就是典型的用互联网思维做事的事例。

甲用微信卖午餐，乙用微信卖水果。时间一久，他们都在微信上积累了大量的资源。如何将这些资源变现，就成了甲和乙进一步思考的问题。这时候就需要再次利用互联网思维来思考。

思考一番后，就可以想到数据置换这一解决方案。毕竟，甲和乙的微信后台都有大量的客户数据，这些数据就是财富。

大家都知道，人在吃完饭后，基本上都会有吃水果的习惯，如果甲和乙能够进行资源置换，各自将自己的客户数据提供给对方，比如甲从乙那里得到了买水果的客户数据，就可以根据这些数据精准地找到目标客户，将自己的快餐卖给这些潜在客户。

而乙也同样如此。如此一来，甲乙双方的客户量都会出现大幅增长，营业额也会得到相应的提升。

我们常说，机会只留给那些有准备的人，这并不是一句空喊的口号，而是要我们实实在在具有一颗具备强烈市场意识的脑袋，处处留心去琢磨和发现，这样，你的人生之路就会宽广得多。千万不要一味地羡慕那些成功者，与徒劳的羡慕相比，我们更应该去思考成功者是为什么成功的，他成功的背后抓住了什么机遇？

而在当下，那些刚刚成功的大人物，无疑都是因为坐上了互联网+这个风口。比如阿里巴巴的马云、小米科技的雷军、奇虎360的周鸿祎、京东的刘强东、途牛的于敦德、聚美优品的陈欧、锤子科技的罗永浩等，不胜枚举。

在移动互联网时代，互联网思维深刻地影响着每一个人，无论你是光芒万丈的商贾巨富，还是清清贫贫的平民百姓，只要你能够用互联网思维思考与工作，善于借助互联网+这一风口来为自己创造机遇，就一定可以赢得一个比现在更好的未来。

组织体系的变革说到底是由你所处的生存环境决定的。如果后者发生变化，而组织不做出调整，那么，企业是很难生存下来的。移动互联网时代必然要求企业的组织结构要扁平化，每个部门要小巧且灵活。

快速变革的时代，让听得见炮声的人做决策

华为总裁任正非作为中国最知名的企业家之一，他不仅是荣获过中国最具思想力的企业家、中国最具影响力的商界领袖等众多称号的企业家，还是毛泽东思想的资深崇拜者和研究者。他在执掌华为20多年的过程中，通过对时局的精准把握和对组织体系的不断变革，帮助华为度过了一场又一场危机。

在任正非多年的管理生涯中，他的很多变革理论都引起了商业界的争相效仿。其中比较著名的一个就是：让听得见炮声的人做决策。

"让听得见炮声的人做决策"这一理论的真正含义是什么？我们可以从任正非在销服体系奋斗颁奖大会上的讲话中找到答案。

"我们后方配备的先进设备、优质资源，应该在前线一发现目标和机会时就能及时发挥作用，提供有效的支持，而不是拥有资源的人来指挥战争、拥兵自重。谁来呼唤炮火，应该让听得见炮声的人来决策。

"而现在我们恰好是反过来的。机关不了解前线，但拥有太多的权力与资源，为了控制运营的风险，自然而然地设置了许多流程控制点，而且不愿意授权。过多的流程控制点，会降低运行效率，增加运作成本，滋生官僚主义及教条主义。"

这两段话，可谓一语中的、简明扼要地为我们道出了"让听得见炮声的人做决策"这一理论的真正含义，告诉我们在这个快速变革的时代，管理者应该改变过往的决策理念，不能只让最高领导者做决策，更应该让身处市场一线的员工参与决策，甚至是直接做出决策。

因为在移动互联网时代，就应该用互联网+的思维去管理企业。这是一个靠用户体验感开展营销的粉丝经济时代，用户体验感越强，粉丝经济效应就越明显。而如何才能增强用户体验感？谁更了解用户的"痛点"？

在这一方面，企业的最高管理者肯定没有一线员工了解得细致。因为一线员工是用户的直接接触者，他们在和用户接触的过程中，能够全方位地了解用户的各种需求：用户是怎么想的、用户希望企业的产品达到一种什么样的要求、用户对产品提出了什么样的改进意见、用户如何评价竞争对手的产品，等等。

所以，一线员工比企业高层更有决策的优势。他们往往在产品迭代中提出的意见更有针对性、更具价值。如果企业能够赋予一线员工各种决策的权力，相信一定可以大大提升企业的战斗力和用户的体验感。

已经连续两年在天猫举办的"双十一"购物节上名列榜首的网络原创女装品牌韩都衣舍，在2014年的天猫"双十一"购物节再次荣登榜首，创下佳绩。

韩都衣舍之所以能获得如此高的业绩，和它践行的"让听得见炮声的人做决策"这一管理理念息息相关。

天猫 双十一 2014.11.11 女装热销品牌排行榜

① 韩都衣舍

② 优衣库

③ Artka

④ 茵曼

⑤ 波司登

⑥ 欧时力

⑦ 初语

⑧ 妖精的口袋

⑨ ONLY

⑩ 裂帛

韩都衣舍把一千多人的采购团队拆分成四百多个买手小组，每个买手小组最少3人，最多不超过5人。买手小组扮演着多种角色，他们的角色有订单库专管员、选款师、文员和商品制作专员。每个买手小组都很大的自主权，选什么款、生产什么、规格是什么、生产多少、什么时候铺渠道、定价多少、何时打折、什么时候撤货等等，都由买手小组自己决定，不用向公司的高层领导汇报。公司高层也形象地称这些小组的员工为小老板。

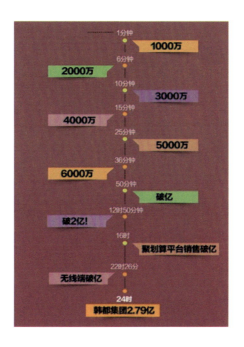

　　每个刚组建的买手小组可以从公司领到15万元的初始资金，供整个买手小组运作。领完初始资金，买手小组高度自治，就如一家小公司独立运营，盈亏都进行独立核算，一旦盈利，公司和小组分成。

　　小组内部成员的提成分配则由组长自己决定，然后部门经理和分管总经理批准。小组提成根据资金周转率或者毛利率来计算，于是对这两个指标每个买手小组都最为关注。为了保证毛利率和资金周转率，每个小组根据自己商品的情况做出促销决策，所以韩都衣舍的淘宝店里，并不会有统一的打折促销。

　　在买手小组的模式下，资金使用额度非常重要，直接与销量挂钩，在韩都衣舍，下月有本月销售额的70%的使用权。据赵迎光介绍，目前有的买手小组做出了500万月销量的业绩，按照相关规则，该小组在下个月就有350万的运营费，而没有销售业绩的买手小组，下个月的运营费用只能勉强维持小组运营，当运营不下去时，该买手小组便宣告解散。

韩都衣舍买手小组制的成功，充分证明了"让听得见炮声的人做决策"这一组织体系改革理念的价值所在。这是一种典型的用互联网思维变革组织体系的做法。如今，通过这种组织体系变革取得成功的企业越来越多，而小米无疑是其中最光彩夺目的一个。

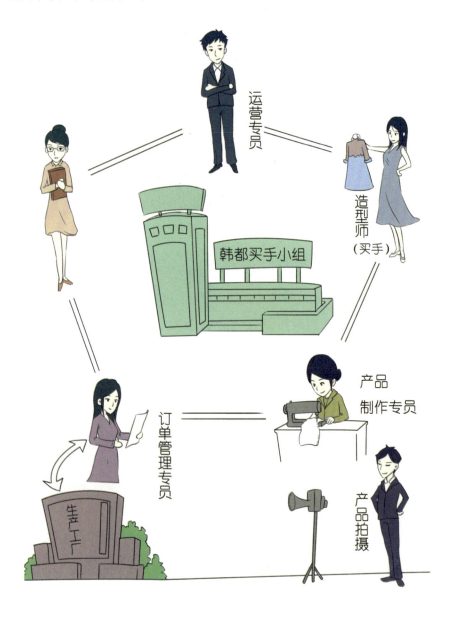

为了及时解决用户提出的产品问题，小米赋予一线员工各种权力，当客服遇到用户对产品不满，客服经过分析，可以根据客户需求和自己的权力，通过赠送贴膜或其他小配件，来安抚用户，达到解决问题的目的。小米的工程师经常亲自与用户沟通，加深自己对产品的理解和定位。小米还让工程师们把每一段代码成果公布，接受用户的反馈，于是当一项新开发的功能发布后，工程师们马上就会看到用户的反馈，大大提高了产品的用户价值。小米在产品管理上呈现扁平化，从而提高了与用户互动的效率，提高了解决用户问题的效率。

在快节奏的互联网思维时代，企业应该采用小团队作战这种打法来提高企业的机动性，进而为企业赢得更多的变革机会和更高的用户体验。当企业能让每一位一线员工都做企业的"CEO"时，这家企业也就具备了超越对手的条件。

当然，凡事过犹不及。企业高层在赋予一线员工下令"开炮"的权力时，也要对其进行一定的约束。只有将授权和监督并行，才能取得最好的效果。

从金字塔到扁平化：迅速反应，敏捷变革

　　扁平化结构是相对于传统的金字塔结构而言的。传统企业组织呈现出层级结构，由上到下依次有最高决策者、中间协调层、基层管理者，自下而上人员越来越少，它的形状犹如一座森严的金字塔。毋庸置疑，位于塔尖的是独一无二、发号施令的决策者，中间的管理层一级一级向下传达指令，一直传给塔底的大批执行者；塔底的汇报、请示需要逐级传达，才能到达塔尖的决策者手中。传统管理模式之下，当组织规模扩大时，因管理幅度有限，管理层次就会逐步增加。

所谓扁平化模式，是指通过减少管理层级，缩短经营路径、减少经营管理通道、增大管理幅度，提高层级之间信息交流速度，从而提高经营管理效益与效率的企业组织模式。扁平型组织具有管理成本低、管理效率高、信息反馈迅速等显而易见的优点。

通过上图我们可以看出，扁平化结构的特征在于管理层次少而管理幅度大，优势在于信息纵向流动快、管理成本低。并且，相对少的管理层级，让最下层单位拥有充分的自主权。

虽然金字塔组织结构在以往的企业管理中是一种非常有价值的管理方式，但时代在变，市场格局在变，消费者的喜好也在变，尤其是到了移动互联网时代，一切都讲究短平快，而传统的管理体制、企业组织结构的弊端日益暴露，严重影响到企业的经营效率。由于管理层次过多，信息在由下到上或者由上到下的传递过程中，往往会出现失真状况，导致高层无法做出正确决策或者底层难以掌握准确的指示。

所以，要使管理层有效运作，要使企业快速应变，就要从根本上颠覆金字塔组织结构，采用互联网思维，减少层次，使企业组织变得更加扁平化，从而提高管理效率。

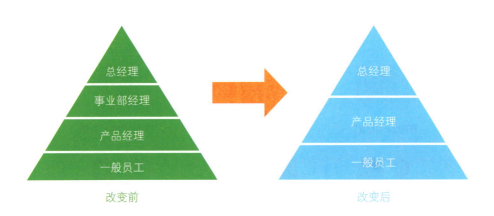

　　小米作为手机行业的后来者，主要是做到了与时俱进，采用互联网思维做手机，所以能在短短几年内迅速占领手机市场。而小米的管理模式正是扁平化的典范。因为无论是在管理方面，还是在产品研发方面，小米都采用的扁平化组织结构，因为小米深知这是打造"小米速度"的重要前提。

　　小米的组织由七个核心创始人→部门领导→员工这三个层次组成，在发展的过程中，原来的团队一旦壮大，就立即分成几个便于灵活作战的小团队。管理扁平化，才能把事情做到极致，才能快速。

　　在小米科技的大楼里，人们发现小米的办公布局也呈扁平化，硬件、产品、电商、营销各占一层楼，每一位创始人管理一层，能够随时与员工面对面交流，提高了管理效率、节省了管理时间。公司的管理者很少，除了七个创始人拥有总裁、副总裁的职位外，其他人都是平行关系——工程师，他们的晋升就是涨薪，所以大家不会钩心斗角、争权夺利，都能专心致志地做自己的工作，如此一来就极大地提高了工作的效率。

扁平化模式是小米在短短几年时间里就取得成功的重要原因。这也证明了在互联网时代，组织结构扁平化是社会组织发展的一大趋势。现在越来越多的企业开始采用这种模式，并已经获得了成功。

比如著名的淘宝品牌御泥坊拥有三百多名员工，组织结构就两层：CEO为首的核心管理团队→30多个学院。学院是基础的作战单元。除非有重大的任务才会组建庞大的部门，任务完成之后，立即恢复扁平化的组织结构，各就各位，专心致志地做自己的事情。

中欧商学院教授、酷6网创始人李善友在《创业邦》杂志上说，在互联网时代，企业还可以专注、有条不紊地做一件事，等做出了好产品再发布出去，就可以获得市场的认可；但到了移动互联网时代，由于生产者和用户之间的界限消失了，用户已经和生产者融为一体，如果企业的产品在两三个月内不被接受，这家企业可能就会被淘汰掉了。

这就注定了企业必须提速，必须精准出击，如此才能活下来。而要想做到提速和精准出击，最好的办法就是将企业组织体系扁平化，这样不仅可以避免信息传递损耗少，有利于企业做出最佳决策，还可以痛击官僚主义，有利于提高企业员工的积极性。

时代的发展趋势是不可逆的，企业要想在移动互联网大潮中活下去，就必须对企业组织结构进行变革，完成从金字塔到扁平化的升级。只有找到最适合这个时代的节奏，才能抓住机遇，赢得未来。

组织创新：时代发展要求企业不断注入新鲜血液

单枪匹马闯天下的时代已经一去不复返，在移动互联网时代，不懂得资源整合，不懂得抱团取暖、大兵团作战的企业，都将被无情地淘汰掉。因为在移动互联网时代，所有企业的界限都不再像以往那样清晰和不可逾越。

这是一个跨界分金的时代，任何和你不相关的企业都会跳入你的地盘对你进行"打劫"。所以，只有不断进行组织创新，为企业注入更多的新鲜血液，才能避免因实力不济而被对手棒杀的命运。

2014年上半年，阿里巴巴展开了一系列的收购或入股行动：

1月23日，阿里巴巴集团联手云锋基金，以约13.27亿港元认购中信21世纪配售的44.23亿股股份，实现联合控股。

1月23日，阿里巴巴集团向美国奢侈品电子商务网站1stdibs投资1 500万美元。

2月10日，阿里巴巴对高德公司股票进行现金收购，高德成为阿里巴巴100%子公司。

3月11日，阿里巴巴通过入股对文化中国传播进行控股。

3月12日，阿里巴巴入股出境旅行服务公司佰程旅行网。

3月20日，阿里巴巴入股移动聊天和通话应用Tango。

3月31日，阿里巴巴入股银泰，与其达成战略合作协议。

4月1日，阿里巴巴入股美国乘车应用软件Lyft.

4月3日，阿里巴巴收购恒生电子集团，马云成为恒生电子的实际控制人。

4月8日，马云入股华数传媒，与其签署战略合作协议。

4月28日，阿里巴巴入股优酷土豆集团，与其建立战略投资与合作伙伴关系。

6月5日，阿里巴巴与恒大集团达成协议，收购恒大足球俱乐部50%的股权。

阿里巴巴并购事件（2014年1-6月）

并购时间	并购方	被并购方	所占股权(%)	融资金额
2014/1/23	阿里巴巴集团	中信21世纪	38.15	9.32亿港币
2014/1/24	阿里巴巴集团	lstdibs	—	1 500.00万美元
2014/2/11	阿里巴巴集团	高德软件	72.00	11.00亿美元
2014/3/8	阿里巴巴集团	文化中国	—	62.44亿港币
2014/3/30	阿里巴巴集团	银泰百货	9.90	53.68亿人民币
2014/3/31	阿里巴巴集团	魅族科技	40.00	9.00亿美元
2014/4/28	阿里巴巴集团	优酷土豆	16.50	10.88亿美元
2014/5/1	阿里巴巴集团	新加坡邮政	10.35	2.49亿美元
2014/5/18	阿里巴巴集团	绿城足球	49.00	—
2014/6/5	阿里巴巴集团	恒大足球俱乐部	50.00	12.00亿人民币
2014/6/11	阿里巴巴集团	UC优视	34.00	—
2014/6/12	阿里巴巴集团	21世纪经济报道	20.00	5.00亿人民币

如今，阿里巴巴依然走在收购、入股、兼并的路上。很多人会奇怪，阿里巴巴如此强大，旗下的淘宝、天猫、支付宝在国内的地位已经无人可以撼动，为什么还要花那么多钱去收购企业呢？这正是阿里巴巴的深谋远略之处。

移动互联网时代，以往的小圈子模式已经不适合边界消失的新生态圈，如今是个平台为王的时代，只有依靠大平台，才能通过大兵团作战保障企业安全地活下去。所以，即便强大如阿里巴巴，也不得不进行组织创新，为企业注入更多的新鲜血液。

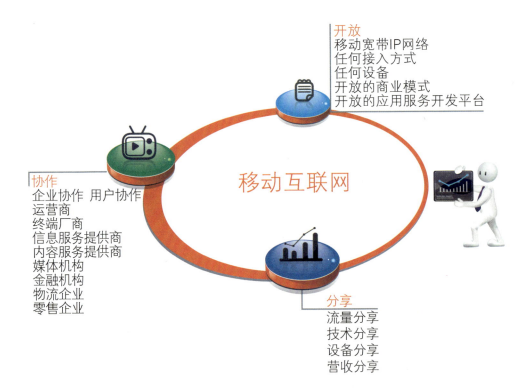

如今，已经有越来越多的企业意识到了这一点，它们争相对组织体系进行变革，为的就是寻找志同道合的新成员，增强自身实力，以便能够应对那些跨界打劫的对手。

　　2013年底，在腾讯WE大会上，腾讯创始人马化腾发表了题为《通向互联网未来的七个路标》的主题演讲。在演讲中，他提到了这样一点：在这个开放的时代，个人英雄已经不存在了，任何一家企业单凭一己之力，远远无法满足用户方方面面的需求。因此，任何一家企业都必须有开放的心态。大的企业要善于利用自己的平台，有所为有所不为。自己擅长的项目要坚持下去，并努力做得更好。对待自己不擅长的项目，则要有壮士断腕的勇气，懂得将其交给更适合的团队去做。

　　马化腾是这样说的，也是这样做，自腾讯开始涉足移动社交领域，就一直在做"减法"，搜索、电商、团购被纷纷剥离出去，交给了更擅长此道的合作者。

　　在外行人看来，腾讯此举无异于在大刀阔斧地砍掉自己的业务分支，但在内行人看来，腾讯这种"减法"未尝不是一种变相的"加法"。

　　入股京东，表面看是腾讯放弃了腾讯电商，将旗下QQ网购、拍拍电商和物流部门并入京东，但腾讯却得到了京东15%的股权。

　　入股大众点评，表面看是腾讯放弃了团购，但却得到了大众点评20%的股权；

　　入股同程，表面看有放弃腾讯旅游之嫌，但未尝没有借同程之力发展旅游之意。

　　……

　　企业只有大胆变革，对组织体系进行革新和颠覆，不断笼络更多的新成员（是企业，也可以是个人）加入自己的企业，自己也可以加入其他成员的组织中，结成合作联盟，构建大平台，才能实现信息共享，推动项目合作，协调资源整合等战略。

电商投资图

2014年2月 大众点评

2012年5月 易讯网

2006年3月 拍拍网

2011年10月 QQ购物

2011年2月 高朋网

2012年6月 微信O2O

拍拍

　　只有具备了这些条件，才能不遗余力地面对竞争，专心致志地进行创新，为企业的成功提供坚实的保障。

　　诚然，绝大多数的企业家都有顺应潮流的勇气，但由于很多既得利益的牵绊，往往事到临头、急需革新时，却犹豫不决起来。殊不知，机遇就是在犹豫不决时溜走的。所以，很多时候，与智谋、眼界相比，执行力显得更加重要。为了企业的美好明天，请立即进行组织创新吧。

第九章

>> **用互联网思维制造产品**

　　移动互联网时代，用传统思维制造产品只有死路一条。只有打破传统思维中的条条框框，大胆革新，积极利用互联网思维制造产品，才能制造出具有竞争力的产品。因为互联网思维是以用户、粉丝为中心的，这是企业立足于市场的前提，也是能够提升用户体验感的前提。用互联网思维制造出来的产品，才能直击消费者的痛点。

打造让用户尖叫的产品

任何时代，产品都是企业的第一竞争力。好产品就是最好的营销广告。没有好的产品，就难以在强敌环视的市场中脱颖而出；没有好的产品，就难以赢得消费者的认可和赏识。

移动互联网时代，对于好产品的定义，有了更多的理解，它可能是性价比很高的产品，也可能是质量比竞争对手更好的产品，更有可能是看着比竞争对手更好看的产品，但无论哪一种，归根结底，好的产品都是能让用户尖叫的产品。

2013年，互联网上有一个无厘头的段子突然火了起来，被很多朋友转发和评论。这个段子编的是小米公司的CEO雷军在中国2013年中国互联网大会高层年会上与虎嗅网创始人李岷的一段对话：

李岷：雷总谈谈红米会不会对小米品牌造成负面影响？

雷军：我们不考虑，我们只专心做出让用户尖叫的产品。

李岷：雷总谈谈小米构建的铁人三项？

雷军：三项啊，我们只专心做出让用户尖叫的产品。

李岷：雷总谈谈小米的生态系统？

雷军：生态？我们只专心做出让用户尖叫的产品。

李岷：雷总谈谈对当下移动互联网的看法？

雷军：这个啊，我们只专心做出让用户尖叫的产品。

李岷：雷总对可穿戴设备有什么看法？

雷军：可穿戴啊？我们只专心做出让用户尖叫的产品。

李岷：雷总对改变世界怎么看？

雷军：不关心，我们只专心做出让用户尖叫的产品。

李岷：雷总……

雷军：呵呵，我们只专心做出让用户尖叫的产品。

李岷：啊啊啊啊啊啊啊啊啊啊啊啊啊啊啊啊啊啊啊啊啊啊啊（尖叫声）。

诚然，这个段子绝不是真实的，但其要突出的含义很明确，就是小米公司唯一的前进方向就是打造让用户尖叫的产品。而小米也确实是朝着这个方向前进的，并且取得了令人震惊的战绩。

小米之所以能在成立不到五年的时间里成为中国手机行业的巨头，最关键的是因为其总能推出让用户尖叫的产品，无论是手机、路由器，还是智能手环、电视、家装，小米总能出乎粉丝的意料，让他们对小米产品爱不释手、疯狂抢购，并因此笼络了上百万的忠实粉丝，为小米帝国的建立奠定了坚实的基础。

　　能让用户尖叫的产品，就一定能创造出巨大的商业价值。纵观我国那些知名的互联网企业，哪个不是因为能打造出让用户尖叫的产品才成名的。比如腾讯的微信、阿里巴巴的支付宝、百度地图、京东的白条、奇虎360的随身WiFi等，无一不是如此。

　　在移动互联网渐成主流的情势下，上网不够快，上网资费高，移动上网经常断线等问题就成了用户最厌恶的事情，而奇虎360抓住这一时机，及时发布了360随身Wi-Fi，理所当然地取得了空前的成功。这一事件犹如一枚重磅炸弹，在移动互联网市场引起了巨大的反响。

　　360随身Wi-Fi发布半个月后，在京东商城首次公开发售，短短一小时两万件产品就被抢购一空。从2013年7月初到8月底，360总共进行了五轮发售，共售出随身Wi-Fi72.2万件，几乎每一轮都是瞬间售罄。

360随身Wi-Fi之所以如此受欢迎，是因为它给用户提供了最棒的体验，这款产品帮助用户确实解决了很多问题。360随身Wi-Fi体积轻巧，价格便宜，即插即用，简单易行，用户不用担心设置问题。只要有一台联网的电脑，随身Wi-Fi就能发挥用武之地。

而反观传统的路由器，在使用过程中需要插上网线，占用空间，看起来很不美观，需要设置诸多选项，让没有经过专业训练的人望而生畏，这些问题无疑会大大降低用户的体验，让用户心生不满。所以，360随身Wi-Fi受到用户热捧，丝毫不奇怪。

有些企业或许存在一种侥幸心理，认为即便没有能让用户尖叫的产品，但只要有极好的营利模式，那么一样可以业绩飘红。这是一种错误的认识，尤其是在移动互联网时代，更是行不通。

以互联网思维卖鲜花而在业界声名鹊起的Roseonly就是一个典型案例。跟当初"黄太吉""雕爷牛腩"借助互联网思维走红的案例一样，在大红大紫过后，其商业模式再次引发人们的质疑。如果你仔细考察一下，就会发现Roseonly在天猫店的销售记录可以说是让人大失所望，截至2015年3月20日，销售最多的单品月销量也只有区区71单。

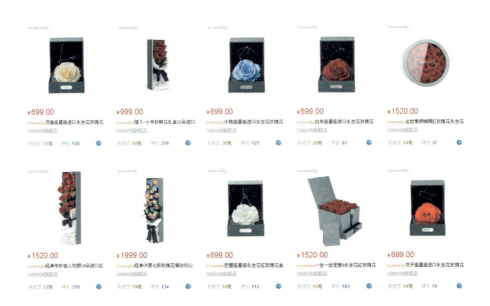

Roseonly花店能够提供的产品，其他花店也一样可以提供，也就是说，Roseonly花店的产品并无过人之处，更谈不上让用户尖叫，所以，它的式微是必然的。没有令用户尖叫的产品，你有再好的营利模式和服务体系也是白搭。

能让用户尖叫的产品，必定要超过用户的预期。所以，只有超预期的产品，才是能让用户尖叫的产品。这也就是互联网思维中经常说到的超预期。

关于超预期，奇虎360的创始人周鸿祎曾举过一个非常直白的例子："假如华夏银行请我吃饭，我打开一瓶矿泉水，一喝，它确实是矿泉水，这不叫超预期。只有把一个东西做到极致，超出预期才叫体验。比如，有人递过来一个矿泉水瓶子，我一喝里面全是50度的茅台酒——这个就超出我的预期。然后，我作为用户就会到处去讲'我到哪儿吃饭，我以为是矿泉水，结果里面全是茅台'，这种远超客户预期的体验才能让用户尖叫，才有其价值。"

　　能超出用户的预期，让用户尖叫的产品，才能给用户提供完美的体验，用户才会对产品印象深刻，最终与产品建立起一种情感。

　　移动互联网时代，各种新产品层出不穷，激烈的竞争、用户选择范围的扩大，都会使企业的发展步履维艰。唯有严把产品关，将产品做到极致，通过产品大幅提高用户体验，让用户尖叫，提升用户对品牌的忠诚度，才是最明智的选择。

只做第一，不做第二

　　或许有人会说，第一和第二的区别并不大，做不了第一，做第二也不错。如果你是一名企业家，并且还有这种思想，那么你就输了，你的企业也从一开始就输了。

　　我们知道世界第一高峰是珠穆朗玛，知道第一个登上太空的是加加林，知道中国第一个奥运会冠军是许海峰，但是第二个、第三个是谁？如今谁还能记得他们的名字？胜者为王败者贼，这就是历史的逻辑，如今也成为互联网商业的思维。

　　移动互联网时代，资源整合将更加彻底，甚至慢慢会形成一种赢家通吃的局面。在波诡云谲的商海中，如果说竞争是企业最有价值的生存模式，那么保证生存，并且还能生存得好，唯一方式的就是在竞争中走到第一的位置，这就是移动互联网时代的第一思维。

　　当然，这个第一，不是指商品生产量第一，也不是指销售额第一，而是指综合各个要素排在消费者心智模式中的第一。

如今很多人都说雷军是"雷布斯"，其中一部分人是真心称赞雷军，也有一部分人是在嘲笑小米总是效仿苹果，甚至是抄袭苹果。雷军是个伟大的企业家，但因为有乔布斯这个珠玉在前，雷军一直被遮挡了光环和锐气。并且，由于苹果是智能手机行业的第一，人们在购买手机时，往往总是想到苹果。

身居第一的苹果，无形中代表了一种身份，是品位的象征，这正是品牌竞争力的价值所在。在人们的潜意识里，想到的永远都是第一名。

所以，雷军曾经不止一次地喊过"不做中国苹果，要做世界小米"、"五到十年时间小米会成为世界第一"等诸如此类的口号，为的就是通过夺得第一的宝座，提高小米的品牌价值。

昨天我的确表达了小米的梦想：五到十年时间，小米争取成为智能手机市场份额世界第一。这个目标当然不容易，但万一……

@雷军 V 🤙
"梦想还是要有的，万一实现了呢？"
11月20日 16:35 来自 红米Note 4G　　　　　转发 2525　评论 2983　👍6511

11月20日 18:58 来自 红米Note 4G

收藏　　　　　转发 669　　　　　评论 1361　　　　　👍1621

没错，不做第二，只做第一，说来容易做起来难，有时候甚至难于登天。企业要想成为第一，首先就要在企业主营业务上领先，这是企业打造核心竞争力的第一指标。试想，如果主营业务不领先，何谈核心竞争力？只有在主营业务上比对手更占优势，才能在激烈的竞争中保持活力。

为了使小米能够走向世界，小米可谓付出了无尽的努力。它通过令世人震惊的"小米速度"，只用了三年的时间，就完成了由屌丝逆袭成高富帅的传奇之旅。如今已经做到世界第三的小米，未来依然有无限的可能，因为它一直在用互联网思维武装自己，用互联网思维开发产品。

小米科技的联合创始人王川说过这样一句话："极致就是把自己逼疯，把别人逼死。"一时之间，这句话被广大互联网企业视为通往成功的捷径，更是被互联网行业专家视为互联网思维的黄金宝典。只有做到极致，才有成为第一的可能。

移动互联网时代，是一个马太效应尽显的时代，强者恒强，弱者愈弱，如果不争第一，将有可能沦为千年老二。所以，企业应该从一开始，就向第一名进发，克服所有困难，极力打造完美的产品，助推自己成为市场老大。

从传统经营到线上发展，这一商业模式的变化让很多行业都陷入了一次严酷的重新洗牌和竞争之中，旅游业同样如此。

1999年，艺龙旅行网成立，五年之后在纳斯达克上市。但经营过程却举步维艰，2008年，企业亏损更是达到7 000多万元。也正是在这一年，在线旅游行业进入了高度竞争的一年。

从实力上看，艺龙和当时排名第一的携程相距甚远。那么怎么才能突出重围呢？艺龙没有分散兵力发展其他业务，甚至都没有机票预订业务，而是把目光聚在了在线酒店预订业务上。也就是运用互联网思维，开展线上业务。

2008年之前，艺龙还是传统的呼叫中心酒店预订模式，预订业务不到携程的20%；到了2014年，艺龙已经走过在线酒店预订模式，发展到了移动酒店预订模式，预订业务也正在逐步缩小和市场老大携程的差距，甚至一度接近携程的70%。

如今，艺龙旅行网仍然在不断地向业界第一的宝座冲锋，并且卓有成效。更为重要的是，它善于运用互联网思维来进行企业运营、产品推广。它利用微信进行营销已经被业界视为教科书案例，并受到众多同行的极力模仿和学习。比如说，艺龙旅行网通过采用互联网思维中的焦点思维，让艺龙能够聚焦优势，持续地顺势而为，继而拥有了在移动互联网时代在酒店预订业务上与携程叫板甚至超过携程的机会。

要想做到第一，最终还是要靠产品说话。这就需要企业能够做到以下几点：

1.个性化的产品或服务

要想做到第一，就必须具备核心竞争力。既然是核心竞争力，那就应该是独一无二的，是与竞争对手不同的，这才能称得上是核心竞争力。所以，企业要保持核心竞争力就要特别注意为客户提供个性化的产品或服务。很多时候，这比其他营销手段的效果要好得多。

2.难以模仿

真正核心、极致的东西是很难模仿的。所以说，无论是在塑造品牌还是打造产品的核心卖点时，一定要控制核心链条，形成恰到好处的隔离，如此才能让竞争对手无法模仿，即使模仿也会在效果上大打折扣。

只有具备难以模仿这个特点，才难确保核心竞争力持久，才能让对手始终难以追上。如果产品或服务很容易被模仿，那么通过核心竞争力的建立获得一定成果之后就很难保持。因为对手可以在短时间内完成模仿，如此一来你的优势就不存在了。所以说，企业要想以核心竞争力获得持续成长，最好能够找到一种或几种核心能力，并将其最大化，如此才能将自己与竞争对手区别开来，强化自己在核心竞争力方面的优势地位。

总之，企业多运用互联网思维，通过各种创新的手段打造具有核心竞争力的产品或服务，才有可能完成逆袭或保持龙头老大的地位。

当然，第一永远只有一个，不可能人人为之。但企业家、管理者需要记住的是，即便自己成不了，也一定要有"只做第一，不做第二"的信念，这样才能具有前进的动力，使企业或者自己在竞争中走得更远。

用户参与，做用户喜爱的产品

如今互联网领域流行一种"先进用户引导型创新"的说法，意思就说通过让用户参与产品设计的方式，来进行产品创新。这种新方式是一种伟大的革命，因为在传统商业时代，产品都是在企业工程师闭门造车的过程中创造出来的，这种以工程师的思维创造出来的产品，并不能完美地满足用户的需求；而有了"先进用户引导型创新"这种新的生产方式，由于用户可以直接或间接地参与到产品创造中，这意味着企业更加贴近用户，企业和用户之间不再是互相分隔或者是平行独立的关系，而是融为一体。

用户在参与企业产品创造的过程中，可以通过特定的渠道与企业直接沟通，把自己对产品的意见或创新思想传达给企业，这就为企业在产品创新方面提供了无限的可能。也正是凭着用户参与，企业创造的产品更能符合用户的喜好，让用户的体验感更加强烈。

在当下的企业界，利用互联网思维制造产品的企业翘楚当属小米公司。小米利用四年的时间创造了一个前所未有的奇迹，令世界刮目相看。小米奇迹的根源就是依靠互联网思维中的参与感。小米从成立那天起，就极力号召用户参与到小米手机生产的过程中。

　　小米科技CEO雷军说，他有100万个发烧友，他们知道自己有什么需求，渴望参与其中。小米每周更新四五十个，甚至上百个功能，其中三分之一是由米粉提供的。也就是说，正是这种想要参与的渴望，让小米拥有了100万个不拿工资的研发者。

　　更让人吃惊的是，小米论坛上如今有近千万用户，每日发帖总数达到25万条左右，可谓傲视所有国内同行。要知道，这25万条帖子里，很多都是用户自愿为小米产品出谋划策的建议或产品完善方案，极具参考价值。

　　早在2013年3月，小米组织"小米非常6+1你敢挑战吗"活动期间（3天），就有20多万人参与微信互动，直接销售收入超过400万。如今，小米手机微信账号粉丝早已超过500万。试问，在当今中国企业中，谁在这方面能与小米比肩而立？

有很多朋友私下里问小米联合创始人黎万强："小米是用什么方法让口碑在社会化媒体上快速引爆的？"黎万强说："必须做到三点：第一是参与感，第二是参与感，第三是参与感。"也就是说，口碑的本质是用户思维，就是让用户有参与感。

参与感和口碑是息息相关的。有了用户的参与，产品才能最大限度地满足或高于用户的预想，只有满足或高于用户的预想，才能让用户赞不绝口，才能形成良好的口碑。

如今，三只松鼠这家电商公司在坚果行业可谓无人不知、无人不晓。它的声名鹊起，和小米手机一样让人震惊万分。2012年三只松鼠电子商务公司成立，很快就在坚果行业崭露头角。当三只松鼠在成立两年内取得3个亿销售额的骄人业绩时，有人大发感慨："这个世界真是疯了，一个破坚果都能做出这样惊人的销售业绩。"

三只松鼠连续在2012年、2013年、2014年的"双十一"天猫购物狂欢节上拿到第一名的业绩，并在2014年"双十一"天猫购物狂欢节成为天猫食品类目有史以来唯一破亿的销售店铺，达到1.02亿元人民币。

三只松鼠的成功与小米的成功非常相似，同样是运用互联网思维经营企业，它们都只在互联网上销售产品；同样是通过利用用户参与的方式，做出深受用户喜爱的产品。三只松鼠从一开始就非常注重用户参与。起初销售的坚果并没有封口夹、垃圾袋等，用户提出很多意见，希望三只松鼠公司能在销售坚果时带有封口夹、垃圾袋、湿巾等。

三只松鼠公司经过权衡后，采纳了用户的很多意见。如今，三只松鼠在销售坚果时赠送封口夹、垃圾袋、湿巾、开箱器、坚果包装袋、卡通钥匙链等小产品，就是用户参与的结果。如此一来极大地提升了用户体验，让用户对三只松鼠这个品牌记忆深刻。

同时，三只松鼠销售团队还收集用户提出的各种意见，并通过对这些意见进行数据分析，从而生产出最适合用户口味的产品。

真正的好产品是受市场欢迎的产品，是用户发自内心喜爱的产品，而要想得到用户的喜爱，就必须学会运用互联网思维制作产品。只有让用户参与到产品的研发、生产过程中，才能使产品无限接近用户的"痛点"，如此，才能征服用户。

移动互联网时代，是个不允许有失误的时代，这就注定了企业必须有一击即中的能力，如果做不到一击即中，即便竞争对手愿意给你第二次机会，消费者也不会给你第二次机会。一旦产品不受用户待见，企业立马就会被用户拉入"黑名单"。

企业要想避免这种可悲的下场，最聪明的做法无疑是像小米、三只松鼠这类企业一样，积极吸引用户参与，准确无误地生产出受用户喜爱、令用户尖叫的产品。

第五部分

你没试过的互联网+技术新玩法

移动互联网时代，是英雄辈出的时代，这个时代有太多让人热血沸腾的传奇故事，他们是探路者，他们在互联网+已经玩得风生水起。

无论这些探路者是否已经成功，他们的故事都给我们以鼓舞和勇气。现在，搭上互联网+的顺风车，他们的故事会给我们更多的启示和养料，让我们从中汲取智慧的养分，鼓舞创新开拓者一路同行！

第十章

>> **看十一大典型行业**
怎么玩转互联网+

在今天这个互联网+风靡的时代，传统行业的转型已蓄势待发。在互联网+的大时代背景下，各行各业也都瞄准风向，准备新一轮的冲刺。餐饮、教育和旅游等传统行业，在这股移动互联网的春风下，发生着一个又一个传奇故事。

互联网+给每一个行业都带来了新的机遇，向前辈学习，思考他们，也思考自己，或许下一个成功的就是你。

手机行业的互联网+玩法：联想倾力打造神奇工厂

在这样一个科技飞速发展的时代，互联网在人们的生活中扮演的角色越来越重要。它就像一个通往世界的窗口，使这个世界变得更小了，使我们越来越容易接触这个世界。

在当今的信息时代，手机渐渐成为人与人交流的重要工具之一。而互联网就像病毒一样侵入传统手机行业的领地，对其完成了颠覆。在互联网的冲击下，手机玩法一步步被改变、被颠覆。很多手机企业也开始了它们的转型之路，比如联想。

联想手机顺应时代的潮流，开始了它的互联网转型。它一方面通过开发新的手机应用与互联网贯通，另一方面将自己的手机产品利用互联网进行宣传和营销，这也是手机行业在互联网改革中的最常见的一种玩法。因此怎样利用网络营销方式推广品牌，使之成为大众熟悉、了解和喜爱的品牌，也成为各企业的目标。

从2007年苹果手机问世开始，全球智能手机大热，一时之间，在世界范围内掀起智能手机制造热潮。苹果、三星、小米、华为荣耀、酷派和联想等国内知名手机品牌，以大数据为依托，不断开发用户需求，对提高产品的性能及提升用户体验精益求精，在手机外观和内容设计方面都做出了巨大突破，取得了不少市场份额。

　　联想集团成立于1984年，到今天已经成为一家在信息产业领域多元化发展的大型企业集团。联想手机自转型以来，一直尝试做互联网+社区化粉丝运营。

　　2013年11月28日，联想联合中国联通在北京举行了新品发布会，会上发布了一款配备高通骁龙800、5.5寸大屏的机器——Vibe Z。此次，Vibe Z并没有采用与联想PC时代关系密切的英特尔的芯片，而将合作目标转向了高通。相较推出新的旗舰、更换平台，联想手机更想改变的是加强互联网化。

　　随后联想也通过举办一些感馈活动来吸引忠于它的铁粉，"粉丝经济学"的浪潮也在影响联想的一些产品营销策略。在开发方面，联想手机除了重视技术性能上的创新和软件的完善之外，更注重迎合用户的需求。

联想手机非常注重与客户的沟通。手机内置的乐商店、乐安全、茄子快传等应用软件都有自己的微博和粉丝会，并和用户有各种互动和沟通。其中茄子快传是由联想出品，内置在小米手机中的一款手机应用产品。这款产品更为联想拥抱互联网、拥抱客户体验写下了亮丽的注脚。

2015年3月14日晚，"新闻联播"报道了联想互联网转型"特种部队"神奇工场。伴随神奇工场的成长，联想手机品牌也开始准备向互联网转型。同年3月23日，联想乐檬手机与京东达成战略合作。即时，京东成为乐檬的独家电商销售渠道，而联想乐檬手机也将得到京东为其提供的重点资源倾斜，比如具体产品战略推广、线上营销、网友互动以及线下活动等。

顺应联想手机战略发展要求，公司已对其业务架构做出调整，以促进联想理顺两大品牌管理构架，在中国市场形成竞合关系，在海外市场则形成互补布局。联想手机正在慢慢改变自己，以更加适应互联网的节奏。

鞋服行业的互联网+玩法：李宁联手小米，推智能跑鞋

在互联网统治时代，一个个传统行业被攻城略地，步步沦陷，先是被蚕食，后是被冲击，最后甚至被全面颠覆。鞋服领域的结构部署在互联网的大趋势下，也同样做出了相应的调整。互联网思维下的品牌传播、大数据营销与线上线下的无缝对接，都是传统行业领域在当下这样一个快速发展的互联网时代求发展所需要吸收的新鲜血液。

显而易见，大数据是未来发展的趋势，也正在成为营销业务中重要的组成部分。李宁与小米的跨界合作是互联网+的春风中另一道美丽的风景。

　　2015年3月，李宁公司宣布与小米达成协议，共同打造新一代智能跑鞋，并对大数据健康领域进行了探索。即时，小米手机和手环将与李宁形成生态资源共享。这款智能跑鞋也将与小米运动APP相连，提供运动记录、步态分析、专业指导等服务。这是互联网与鞋服领域的一种全新合作，宣示着李宁公司正式进军智能运动领域。

　　李宁一开始是将消费群体定位在年轻人身上的，但是，价格引导消费，实际购买的主力是年龄稍大的人群，年轻化的战略失败。也正是为了能够打开年轻人的市场，李宁跨出了向科技领域迈进的一步。运动是年轻人最热衷的事情，运动与科技的联合，可以获得更多传统营销方法之外的加分，让更多热爱科技的年轻人知道、了解李宁的品牌。

另一方面，小米一直都在用与强者合作的方式使自己的生态链更强大，步态分析、专业指导这些专业的功能深化了健康与健身的内涵，这一点对非小米手环用户的李宁消费群体有相当大的吸引力；并且作为生活必需品来说，鞋子的刚性市场需求是无限大的。

健康与健身正在成为生活中一种普遍的理念。暂且不论成功与失败，小米手环与李宁的结合，至少已经给这个领域带来一股全新的空气，带给了人们更多的思考与想象。

与李宁不谋而合，休闲服饰领军品牌美特斯·邦威在互联网时代也开始以新思维积极谋求转型。

由美邦服饰冠名播出的"奇葩说"刚上线就引起强烈反响，并很快获得非常好的收视率，成为综艺业界的黑马。在节目准备阶段，美邦服饰不仅参与了其中的制作，还为节目特意定制了有趣的Logo和服装。观众可以一边观看节目，一边和美邦服饰品牌进行线下互动。通过在节目中植入的衣服和周边产品，并在门店和线上商城做同步推广，让更多的人认识它的品牌，得到更大程度上的推广。此次与网络综艺节目的合作是美邦服饰传播策略的一次转变。为了跟上互联网化的步伐，除了转变传播策略以外，美邦还利用互联网数据，进行消费者调研，对消费者进行更精确的识别、更准确的了解和把控。

奇葩说 ♥ 收藏

简介：《奇葩说》是2014年爱奇艺打造的中国首档说话达人秀，由高晓松和蔡康永担任团长，旨在寻找华人华语世界中，观点独特、口才出众的"最会说话的人"，并将于2014年第4季度在爱奇艺独家播出。

剧集：更新至2015-02-15期

安装影视大全App，手机观看《奇葩说》 手机观看

播放：爱奇艺

决赛（下）三强争夺奇葩之王　　决赛（上）马东爆料节目潜规则　　踢馆第六场 杨澜曝无早恋很遗憾　　踢馆赛五 人生在世糶碧池

嘉宾：陶晶莹　　嘉宾：陶晶莹　　嘉宾：杨澜 小甜甜　　嘉宾：沈玉琳 小甜甜

踢馆赛第四场 汉典欲普康永　　踢馆赛第三场 陈汉典扮"小S"　　踢馆赛第二场 要大城床OR小城房　　踢馆赛第一场 阿雅面临感情选择

嘉宾：陈汉典、白鹿晨　　嘉宾：陈汉典、黄国伦　　嘉宾：阿雅　　嘉宾：阿雅

八强争霸第四场 曾宝仪面临出轨选　　八强争霸第三场 曾宝仪爆料对骂领　　八强争霸第二场 贾玲该不该"死"　　八强争霸第一场 贾玲示爱蔡康永

嘉宾：贾玲

立即横取奇葩说

好奇艺，一定要分享给好友喔！ ✕

其他信息

主持人：高晓松 / 蔡康永 / 马东

类型：搞笑

地区：大陆

　　不仅如此，美邦还于2014年3月29日在重庆开设了第一家品牌集成体验店，这也是其O2O模式的延伸。在线下的体验店，美邦服饰为消费者提供的更舒适的环境和上网服务，可以更大程度地将消费者留在体验店内。在体验店内，用户可以一手拿着咖啡，一手使用自己的手机登录美邦APP选择和购买商品，找到自己心仪的产品后，在APP下单后还可以选择送货上门，这种体验引导消费的形式除了给客户新的购物感受以外，更为美邦引来更多的客流。

面向互联网和大数据时代，美邦服饰做出的战略转型，最核心的仍是围绕着消费者的需求而转变。首先是品牌力和产品力的重构和加强，运营方面要朝着更精细化的方向发展，渠道建设则需要根据区域经济发展态势、城市发展和商圈变迁进行快速调整。在这一系列的转型动作中，互联网是贯穿始终的重要工具和手段。

任何一种服务行业，解决客户的痛点都是其发展中必需的一种能力和职责。毕竟，客户满意才能更有效地促进业务的开展。美邦服饰所做的一系列探索和改革是它打开未来大门，迎接互联网+春风的一把新钥匙。

金融行业的互联网+玩法：金融+网游、新金融生态圈的出现

2013年，天弘基金和支付宝合作的余额宝正式上线，标志着基金业开始迈入互联网金融时代。而互联网企业的加入，也必将打破基金业乃至整个银行体系的原有格局。

在今天这个互联网技术的不断更新进步的时代，互联网化成为一个无法避免的趋势，传统行业必须直面改变。

显而易见，云计算、大数据等互联网技术方式已经走进金融行业。正是金融界的这种突破，给它带来了操作更便捷、透明度更高、协作性更好、参与度更高、中间成本更低的种种可喜变化。而在2015年召开的两会上，互联网金融也得到了李总理"异军突起"的形容，足见互联网金融的发展之势。

随着互联网+行动计划的提出，一种创新模式——"互联网金融+网游"以一种崭新的姿态闯入了公众视野，引人瞩目。互联网金融网游平台是一种将互联网金融与网络游戏相结合的全新尝试。

国内最早涉足这一创新领域的是2014年财易通公司首创的"禅易杯"禅易金模拟操盘大赛。大赛中，专业度极高的互联网金融与网络游戏实现了对接，建立了一种模拟金融网游平台，这一举措在互联网金融界引起了巨大反响。

在那个互联网+还没有被纳入国家级战略的时间，这个站在互联网思维高度打造的模拟金融网游一度不被业内看好，尽管这样它仍然在实战中证明了自己的实力。而今，一个名不见经传的模拟金融网游平台得到众多的重量级媒体的报道，也印证了互联网+模式下互联网金融+网游的风口地位。在财易通"禅易杯"抢占先机的形势下，模拟金融网游已经乘风起飞。

互联网+带给金融行业的思考绝不只是这一点探索。

2015年3月，互联网金融专业委员会在深圳成立。首届互联网金融专业委员会成员由互联网相关企业、基金管理公司、第三方基金销售公司、评价机构、基金服务机构等组成。该机构的成立旨在研究制定行业规范，对互联网金融行业的发展起督导和促进的作用。

传统农业的互联网+玩法：移动互联网+农业

在移动互联网时代，农业要想发展，想扩大经营规模，就必须植入移动互联网思维，运用O2O模式来运作。走进互联网，农业必然会在这个大趋势下受益无穷。

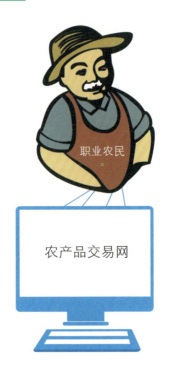

农业电商是促进农业现代化的重要因素，它在其中的作用更是不可忽视，比如有效地减少中间环节，将更多利益送到农民手中。面对巨大交易量的农资市场以及庞大的农业人口，农业电商有着广阔的市场空间，更广更深入的改革即将全面爆发。

2015年，李克强总理在两会的政府工作报告中提出"互联网＋"行动计划。随着互联网+上升为国家意志，各领域纷纷响应号召，做出战略调整，农业领域也不例外。等待已久的时机已经到来，农业电商也将乘风展翅。

新疆农业产业化的龙头——冠农股份早在2012年就已经设计布局，向涉农电商领域进军。近几年来，冠农股份先合资组建了电子商务公司，又将自己的农产品交易平台上线运营，随后，在嘉兴建立农产品拍卖中心。乘着互联网+的春风，冠农股份又与顺风嘿客签订了跨界合作协议，进军电商模式的O2O领域。

在互联网＋的大背景下，不只是农业企业得到了发展先机，普通人也一样。湖北钟祥的一名普普通通的农民李明华，作为"互联网＋农业"的一个典型，也骤然备受瞩目。李明华为湖北省生态农业种养模式树立了一个典型。他早在2014年11月就开始尝试，并一步到位直接探索了"移动互联网＋农业"。也就是说，他的"移动互联网＋农业"的探索走在了全国农业战线的前列。

　　不需要自建系统开发团队，也不需要购买服务器和网络带宽，更不用建立APP客户端，李明华只是简单地利用与外部移动互联网平台资源的合作，就将香稻嘉鱼大米推向了移动互联网。他只是为自己的产品贴上了专属于自己的标签，一种由决不食品联盟免费提供的决不食品标志。只要使用手机一扫决不食品标志内含有的二维码，就会自动进入香稻嘉鱼大米的互联网页面。页面上，与产品相关的信息一应俱全，其中包括食品安全公开承诺视频、7×24小时种养基地实时监控视频、食品安全责任险保单图片、食品安全有奖监督基金的公开信息，等等。

酒店行业的互联网+玩法：乡村酒店连锁化，用个性服务吸引客户

旅游业与酒店（住宿）业一直以来都存在着千丝万缕的联系，在当今这个快速发展的互联网时代，旅游酒店也受到越来越多的旅友热捧。在乡村旅游越来越火的今天，农家乐也好，民宿也好，乡村酒店也好，越来越多。无论名字如何变换，这些都是旅游与住宿业共同发展下的产物。

在互联网+形式下，将乡村酒店品牌连锁化，成为未来的趋势。乡村酒店的连锁化与集中管理将在规范乡村旅游、住宿的发展，尤其在服务标准、卫生等方面起到引导作用。

2015年3月，首旅酒店宣布与山里寒舍（北京）旅游投资管理有限公司（以下简称"山里寒舍"）共同出资1 000万元成立北京首旅寒舍酒店管理有限公司（以下简称"首旅寒舍"）。未来，首旅寒舍将受托全权管理"山里寒舍"和"山里逸居"品牌酒店。

山里寒舍是一家开在京郊的乡村酒店，区别于农家乐等传统的乡村住宿和酒店，它通过保留原来的外部乡土风貌，并将店内设施标准化的方式，把具有百年历史的民居改造成了标准化酒店。现代化的内部配置加历史味道浓厚的特色吸引了更多游客的目光。

　　通过与首旅酒店的联姻，一方面，山里寒舍可以充分地利用首旅酒店成熟的酒店管理经验和平台；另一方面，通过首旅庞大的会员系统，山里寒舍可以将自己打造成连锁化酒店品牌。

　　除了京郊旅游之外，丽江也是我国旅游业和酒店业的兵家必争之地。

　　丽江作为全国著名的旅游胜地，每年都能接纳成千上万来自世界各地的游客。其中作为丽江文化的一部分，丽江古城里的客栈也风格迥异、特色鲜明。在互联网＋模式风生水起的时代，为了弥补专业的线上运营与推广的空缺。丽江古城客栈的商户不仅需要特色化、个性化的运营推广策略，还需要寻找专业的网络平台以深入挖掘自身的潜力。在这样的一个时机，古城客栈与途家网达成了联姻。

相比传统酒店来说，差异化程度不够明显是丽家客栈的公寓在OTA平台上最大的劣势。这种劣势也直接导致了公寓普遍评级不高，个性化特点得不到展示，同时又大大降低了对游客的吸引力。

途家网向游客展现古城客栈的每一个房子的"不一样"，也就是用特色吸引用户。为了使这些客栈的个性化得以完美展示，途家网在其PC网站平台和移动客户端都做了搜索优化，并贴出个性化标签，游客可以通过网络筛选寻找到更适合自己的客栈。除了古城客栈借力途家提高自己品牌的知名度，扩大自己品牌的声势之外，途家给各商户提供的个性化展示也给客人提供了更贴心的介绍。

在互联网+的背景下，酒店行业与互联网企业的合作势在必行。

旅游行业的互联网+玩法：用移动互联网与特色服务抓住用户

　　互联网时代到来之前，第三产业迅速发展，旅游业就是其中最为突出的行业。在互联网大时代风雨欲来之际，各行各业都面临改革与转型。就旅游业而言，互联网化的发展与变革，同样势不可当。于是，各种旅游网站如雨后春笋，将旅游行业推向一个新的高度。近年来，随着互联网与移动互联网的飞速发展，通过互联网和手机移动端预订旅游产品成为可能，并逐渐发展为潮流，网络旅游消费突破性地大幅增长。

　　成立于20世纪80年代的中青旅控股股份有限公司，不但形成了连锁，还与境内外相关的旅游单位共同形成了中青旅联盟。在移动互联网时代，中青旅选择与时代接轨，用时代进步的产物来优化企业的服务，是一种从善如流的表现，也是传统旅游业生存和发展的一个必然选择。

　　中青旅基于O2O模式的中青旅遨游网体验式门店于2014年在北京正式开业，这意味着线下服务和线上资源的沟通将为中青旅的客户带来更便利的服务，同时也促进了对客户的全方位对接。

中国青年旅行社

　　传统旅游业向互联网的转型只是第一步，旅游网站也还有更长的路要走。如今在互联网+的大形势下，国内最大的在线旅游网站携程网与全国知名快递品牌百世汇通的跨界合作就是一例。

　　从2015年3月下旬开始，百世汇通的用户在接到快递、快递员撕掉表面的签收单后，就可以扫描快递单上附有的携程二维码，获得百元优惠券和旅游节三折以上的折扣。优惠券和折扣券可用于在携程APP和网站预订各类产品，同时可获得携程的售后服务保障。接收快递时"扫一扫"的模式，无疑让很多消费者感到既新奇又惊喜，而携程的营业额也迎来了一个爆发式的增长。

　　这次合作，实现了在线旅游与物流的首次携手，利用送上门的优惠吸引游客尝试用互联网和手机预订旅游服务。这种线上线下无缝结合的合作方式，既精准、快速，覆盖面又广，以更低的成本为用户提供性价比更高的产品，对消费者是很大的利好，也将很大程度地提高携程在全国休闲度假市场的地位。

社交游戏行业的互联网+玩法：让互动社交娱乐化

信息化时代的快节奏，让人们在生活中与亲友团聚的时间变得越来越少。当人与人之间的沟通和交流出现大量需求时，应运而生的是互联网中的一些社交平台，比如腾讯QQ、微信、校友网和微博等。人们通过这些社交平台拉近了与亲朋之间的距离。自然而然地，社交游戏闯进了人们的生活当中，使得人们可以在娱乐中，增进彼此间的感情。

曾经一度让人沉醉其中的QQ农场，创造了中国社交游戏史上的奇迹。玩友为了有菜可偷，约朋友、同事一起种菜，然后一边付出所谓的"劳动"，一边享受偷菜的乐趣。相继出现的抢车位、幸福厨房、宠物派等社交游戏更是见证了这个行业的成长和发展。随着手机移动网络的迅速发展，手游也渐渐成为市场新宠。2015年，产品的精品化和重度化已成为国内手游产业结构升级的标志。社交游戏未来势必将出现更多的精品化游戏，移动领域的发展亦将突飞猛进，品牌广告与社交游戏的合作也将越来越密切。

一款好的游戏，除了高品质的要求以外，还需要满足玩家的交互需求，增加玩家对游戏的黏度，这是关键所在。并不是好品质的游戏都是成功的游戏。游戏的成功，除了品质以外，更离不开对它的宣传，很多游戏商会选择由知名影星代言来促进它的推广。

腾讯天天系列休闲游戏的成功，就证明了社交元素的强大作用。微信和QQ这两个社交软件，无论哪一个，都是当今中国用户拥有量最大的。先不去说游戏品质的好坏，单从用户群的来源方面来说，也就预示了天天游戏必将立于不败之地。

　　腾讯移动平台打造的天天系列游戏是深受玩家认可和喜爱的手机游戏，其中，天天酷跑更是该系列中的一款精品手机游戏，该游戏是继《天天爱消除》和《天天连萌》之后，腾讯天天系列推出的第三款游戏。玩家只要通过微信或QQ登录，即可随时随地与好友一起畅玩。

　　《天天酷跑》是以LINE平台上的跑酷游戏*Wind Runner*为蓝本模仿创作的。尽管它的整个社区互动、游戏界面及操作，乃至游戏道具都透着模仿的痕迹，却毫不影响天天迷们对它的钟爱。除了模仿，《天天酷跑》也加入了一些创新元素，正是这些小小的创新使得《天天酷跑》更加丰富。另外，《天天酷跑》流畅的操作、完美的手感以及精良的画面，都是让其成为玩家最喜爱的游戏的重要原因。

在腾讯以往打造的游戏中，《天天酷跑》是最"慷慨"的。游戏时，玩家除了通过在各式各样的节日活动中获得内购币，还可以通过完成每日任务获得内购币。除此之外，任何玩家都有机会获得高品质的人物和坐骑，这让玩家的差异得到了平衡。正是这两点，让它的玩家存留率得到了大大提升，也为游戏的成功再添助力。毕竟能留住玩家才算是游戏真正的成功。

腾讯为什么能够留住用户？显而易见，这和它强大的社交功能不无关系。作为国内最大的社交平台，腾讯坐拥微信和QQ两大社交利器，通过这两款社交软件，玩家在轻松的交流互动过程中就能对游戏进行宣传和传递。与此同时，腾讯还通过这两大社交平台为玩家打造了一个完美的社区环境，玩家除了可以进行护送爱心的互动，每周还可以进行高分排行，若是可以位列排行榜冠军之位，在这群好友中该是多大的荣耀啊！这种荣耀感远远超出向一个陌生人炫耀带来的感受，也正是这样的魔力让玩家为之痴迷。

餐饮行业的互联网+玩法：抓住用户的痛点是根本

伴随着越来越多的餐饮企业开始互联网化转型，传统餐饮行业生意愈加难做。尤其是一些高端餐饮企业，资本投入大、经营成本高，面对互联网化餐饮企业的冲击，盈利出现滑坡，情况岌岌可危。对于面临多重考验和发展现状不佳的餐饮业来说，只有转向互联网，进行不同程度的互联网化转型，才能有效规避风险，获得生存和发展。

在移动互联网浪潮下，新型信息化餐饮体验成为餐饮消费的新形式和大趋势。

面对餐饮行业中客户吃饭排队而产生的问题，一些餐饮企业推出网上订餐和网上预订外卖等活动。就目前来看，不仅那些小型餐厅，就连肯德基、麦当劳、海底捞这样的连锁餐饮企业都推出了自己的网上订餐外送服务，餐饮业也已进入电子商务时代。无论是入驻大众点评、美团等第三方订餐平台，还是使用微博、微信平台互动直销，又或者在自建品牌网站上进行交易，都给餐饮行业注入了新的商机。

在大众点评、美团等第三方网站中，数以万计的餐厅均可参与其中。不论是推团购套餐，还是推代金券，活动搞得个个相当具有吸引力。网上订餐活动除了解决客户等位的问题以外，同时也给餐饮企业引来了更广的客源。

在今天，移动互联网给人们带来越来越便利的生活服务，一些知名的传统餐饮连锁企业也亟待"随风转向"，以适应行业的发展需求。2015年，味千宣布将大力推动O2O项目，建立自己的云平台，推出移动支付功能及自己的手机APP，准备实现顾客自助下单结算。即时，电子点单机将在味千90%以上门店中使用。

除此之外，餐饮企业的互联网化转型，还离不开一些优秀餐饮软件的支持，比如饮食通。

作为一款餐饮软件，饮食通从2000年至今，在全国已有超过2万多家门店用户，这个成绩在市场上是位列前茅的。

随着互联网时代的到来，智能手机得到了普及。伴随着年轻一代的崛起，大众在消费行为和消费习惯上发生了巨大的变化。面对汹涌而来的新浪潮，作为传统餐饮软件的老大，饮食通对自己的转型也做出了新的规划。

　　像饮食通这样的传统餐饮软件，如今面临的是两种选择：要么从头到尾都是由自己来做，要么选择与餐饮O2O平台合作的模式，比如饮食通与哗啦啦的合作。

　　饮食通在做PC端的餐饮管理信息化系统方面经验丰富，而哗啦啦由多多点菜网发展而来，除了拥有多年的网络餐厅、线上预订、移动端点菜和支付等经验以外，还在打造完整的SaaS餐饮管理系统、CRM系统、ERP系统方面做了充分的准备和布局。

　　餐饮通和哗啦啦之所以联手走到一起，完成餐饮O2O时代的信息化布局，是因为一方面，餐饮软件必须针对移动端应用做出布局和探索，获得O2O转型的时间和机会；另一方面，哗啦啦的餐饮O2O平台也可获得更广阔的发展空间。只有将线上线下密切融合，才能为自己在未来赢得一席之地。

航空业的互联网+玩法：只卖机票的公司不是好互联网企业

2014年7月23日，东方航空的一架空客A330飞机在京沪航线上试验了机载WiFi系统，成为国内首个通信卫星地空互联航班。此前，互联网在全球仅存一个空白——那就是飞在空中的班机。如今连这一问题都解决了，东航拥抱互联网可谓"万事俱备，只欠东风"。

5个月后，东航的这一梦想开始成为现实。12月7日，东方航空公司全资子公司东航电子商务公司正式成立了。东航电商公司的成立，是互联网时代东航"拥抱互联网、融入互联网"的一大动作。成立仪式当天，各行各业的知名企业代表济济一堂，这也足以预示东航电商对市场资源掌控的强大能力，协同引入更多合作伙伴，积极打造多方面的深度合作，将东航的产品和服务进行升级拓展和延伸。

转型做互联网，东航表示不是要简单地做第二个携程。虽然东航电子商务也在做去哪儿网这种携程等互联网电商在做的事，但是东航有自己的客户，它们没有。如果说其他互联网企业从"无中生有"开始，东航要做的则是从"有中变现"。

从东方航空公司目前的客户群体及东方万里行会员人数来看，除购买机票行为之外，如果购买其他相关服务产品的旅客哪怕仅有5%，而每人只需要消费100元，就能产生高达4.5亿元的消费总额。据调查，全球的上市航空公司在过去10年中，平均收入利润率远远低于外包给电商的航空相关业务的利润率。

东航的客户就在东航的飞机上，在乘坐飞机的这段时间，旅客如有需求，此时只有东航才能满足他。如果恰好有乘客上了飞机才发现目的地有不少好玩的旅游景区，会议结束后还有时间，准备找个景点玩一下，而这时东航电商恰好能提供信息和预订门票的服务，另外还能打折，旅客能有不乐意的吗？

为了实现这一目标，东航也确确实实做了大量的铺垫工作，比如它早就在为发掘乘客大数据价值布局。2014年11月，东航联合中国电信、中航信等8家单位发起成立了中国先进企业大数据联盟，也是为了推动跨界大数据标准的制定与合作而做的准备。

过去，航空公司的职责就是卖机票，从机票中赚取利润，而在互联网+时代，显然不能只靠卖机票来满足一家航空公司的发展需要了。航空公司要想走得更远，必须找到一条更加适应当下发展要求的道路才行。"只卖机票"的航空公司肯定不是一家好的互联网企业。东航电商公司自成立以来正在做的可以用"搭平台、找伙伴、搞集成、活积分"这十二个字来简单概括。

搭平台，就是建立航空公司与客户关联的平台。

找伙伴，东航电商公司认为酒店、景点、交通、餐饮、医院等，只要在航空产业链的上下游，都能成为合作伙伴。

搞集成，就是把这些合作伙伴的资源按照不同需求打包组合，在东航电商的平台上集成新产品。

活积分，这是东航最想做的事情。因为东航有大量的会员，这些会员在积分库里"沉默"的积分是非常可观的。东航电商公司就是要让这些积分资源"活"起来，给旅客提供全新的积分体验。只有"无限可能"地拓展东航的电商业务，会员旅客对航空公司的忠诚度和黏度才会大大提高。

为了求得更广阔的发展空间，势必会有越来越多的航空公司认识到行业的互联网化趋势。如今，乘着互联网+的春风，它们的未来也将更加光明灿烂。

医疗保健行业的互联网+玩法：网络医院，打通线下线上服务渠道

互联网+可谓风光无限，一度点燃了各行业互联网化转型和改革的心火。这把火除烧旺了新兴产业外，医疗领域近期也开始摩拳擦掌，跃跃欲试。智能医疗就是其中的代表。

智能医疗是个泛概念，从大的方面说，包括医院的信息化、医疗信息的互联网化、药剂医疗设备的物联网化、远程健康监护乃至远程医疗等，拥有巨大的市场体量。

　　而远程医院是智能医疗中的一个重要环节，也已正式成为智能医疗的发展方向之一。在信息化时代，医疗行业也可以转型为网络医院，打通线上线下服务渠道，为患者提供更优质的服务是其发展目标。

　　2015年3月，广东省下发文件，同意康美医院设置网络医院。至此，康美药业成为国内首家以自有医院为主体成立网络医院的上市公司。康美药业公司在全国与大量医疗机构和药店有着长期稳固的合作关系。成立网络医院后，很容易吸引这些外部医疗机构、药店及医生的加盟。网络医院的发展潜力非常大。康美医院未来的发展战略是进一步强化"电商+虚拟医院"。

　　除此之外，康美药业还和一些电商企业合作在网上试营"虚拟药房"。只要在其网络平台上寻找到意向合作的医院，就可以将读取医院的电子处方、配药、配送至患者家一系列工作一气呵成。康美通APP除了可以进行在线预约就诊、在线支付以外，未来还可以进行慢性病管理，为构建虚拟医院做好准备。

同为2015年3月，乐普医疗在京发布了它的移动医疗战略。一方面建设心血管病网络医院，为全国医患提供远程会诊或线下会诊服务；另一方面开展与心脑血管疾病治疗和管理的医药电商之间的合作；再一方面则是建设患者的互联网社区，包括线下管理构建的患者互联网社区和应用移动智能设备构建的患者互联网社区两部分。

围绕此战略，乐普医疗先期推出"同心管家"和"心衰管理"两款APP。

"同心管家"是一款针对做心脏支架手术患者的术后康复管理APP，具有多个模块，包括电话咨询、在线咨询、医学讲座、术后天天知、康复百科、健康商城等，将乐普公司的O2O思维模式完美地体现出来。

"心衰管理"更是全球首款心衰管理APP。其核心是乐普应用互联网技术和云计算，通过这款APP，可以通过手机在家庭中使用NT-proBNP测试设备，使以往只能医院里用得上的贵重设备，神奇地转移到了患者家中。

互联网的介入，解决了传统医疗行业"挂号难"的问题，同时也降低了老百姓就医成本。在互联网+的形势下，医疗行业的互联网转型势在必行，移动医疗的发展亦势不可当。

教育行业的互联网+玩法：抓住在线教育的营利模式不放松

少年强，则中国强。教育行业关乎国计民生，是中国民众最希望得到互联网+助力的一个行业，国家也一直在试图通过教育信息化促进教育公平。

我国教育事业的发展经历了函授教育、远程教育、在线教育等几个阶段。

近几年来，网易、百度、阿里等互联网巨头纷纷进军在线教育，网易公开课、网易云课堂、淘宝同学、百度传课先后上线，其中网易云课堂在近两年发展迅猛，以后起之秀的姿态杀出重围，一路领跑在线教育行业。处于互联网+时代的风口，在政策与资本的助推下，在线教育行业现在正处于快速发展期。

2012年，网易云课堂开始上线。网易云课堂一直关注用户需求，在课程资源建设上下大力气，短短两三年时间就已成长为以使用技能为主、衔接高等教育和职业应用的综合性学习平台，用户已超过700万。

在过去的2014年，K12在线教育、在线外语培训、在线职业教育等细分领域成为中国在线教育市场规模增长的主要动力。正值互联网+爆发之际，在线教育也许唯一的改变就是更加个性和多样化的教学方式。

"互联网+教育"应该是一种融合，应该是在符合实际的情况下，对教育资源的重新优化和分配，能够降低学生的学习门槛、提升教学水平和学习效果。学生是一群特殊的客户，他们的消费和学习带有更多的被动性质，所以老师的工作不仅仅是简单的教学，更负有引导、监督和督促学生学习的责任。

由此，也给在线教育提出了更高的要求。在线教育除了要提供给老师与学生交流的平台，以便掌握学生学习情况外，老师还可以将知识点编辑成碎片化的学习视频，传到网上供学生课后复习。除此以外，老师还可以把自己上课的内容直播，让无法到校的学生通过观看直播进行学习。同时，在线教育平台还将记录学生所有的学习情况，老师可以通过大数据分析学生的薄弱点，做一对一的网络辅导，学校可以通过分析学生的学习情况，了解学生的学习天赋，为学生提供更好的发展建议，让每一个学生的特长得到充分发挥。

随着中国教育的发展，一些具有创新精神的一些在线教育模式已经做到了这一点。

培训在线是中国最专业的管理培训服务网站。相同的品质，为客户提供更加专业、承诺按满意度付费以及便利的一站式的管理培训服务，是这家网站始终坚守的经营理念。

　　培训在线母公司成立于2004年，www.23class.com于2007年正式上线，是一家提供专业的企业培训与咨询服务的机构。从2006年9月只有培训光盘这一个产品线，已发展到集公开课、MBA研修、企业内训、免费培训等管理培训的全部领域。到目前为止，已与国内5 500多位培训专家开展全面的合作，每年代理超过10 000门精品公开课程，大大方便了客户的培训选择。众多互联网监测表明，培训在线已领先于同类管理培训专业网站，成为中国新兴企业经理管理培训的首选。

　　2013年8月培训在线被北京华韵大成文化传播有限公司正式收购。华韵大成公司收购培训在线后，推出了图书出版、视频节目、培训咨询、网络学习等专业平台，并将全面构建培训内容开发、培训文化传播、培训咨询、网络互动学习等产业链条，使培训咨询更加适应移动互联网时代的发展和需要。2015年4月培训在线正式推出互联网在线教育APP平台23微课，进入互联网在线教育领域。

　　尽管在线教育是未来的发展方向，且政策和方向都有利于在线教育的存在与发展，但目前来看在线教育公司的营利模式尚不清晰。

　　新东方集团早在2000年就推出了新东方在线，但仍然采取线下的付费听课的模式，发展一直不紧不慢。最终，新东方选择与腾讯结盟。2015年全国两会期间，新东方董事长俞敏洪向媒体表示，新东方在线和腾讯更深入的合作正在进行，并且即将公布。

　　俞敏洪表示，在线模式应该是走向O2O模式和单纯的线上模式，但未来教育的模式一定是线上线下相融合。然而单纯的在线教育如何找到适合自己的营利模式仍需探索。